CÓMO MANIFESTAR

Título original: *Manifesting. Your Personal Guide*

© 2024 Librero b.v. (edición española)
www.librero.nl

© 2022, 2024 de Quarto Publishing Group USA Inc.
Texto © 2022 de Stephanie Keith

A menos que se indique lo contrario en la página 144, ilustraciones © 2024 Quarto Publishing Group USA Inc.

Edición: Rage Kindelsperger
Dirección editorial: Erin Canning
Dirección creativa: Laura Drew
Jefa de edición: Cara Donaldson
Redacción: Sara Bonacum
Diseno de portada e interiores: Ashley Prine/Tandem Books

Producción de la edición española:
Traducción: Montserrat Ribas Casellas para Delivering iBooks & Design
Redacción y maquetación: Delivering iBooks & Design, Barcelona

Distribución exclusiva de la edición española:
Librero IBP S. L.
C/ Paseo de los Olmos, n.º 20
Planta 1.ª, Oficina 7
28005 Madrid, España
www.librero-ibp.es

ISBN: 978-84-1154-071-1
Impreso en China

Este libro ofrece información general sobre imágenes ampliamente conocidas y aceptadas que suelen evocar sentimientos de fuerza y confianza. No obstante, no debe considerarse una recomendación o una promoción de ningún diagnóstico o método de tratamiento específico para un problema de salud concreto. Asimismo, tampoco pretende sustituir el consejo médico o el diagnóstico y el tratamiento directos de una afección realizados por un especialista cualificado. Los lectores que tengan dudas sobre una dolencia concreta, un tratamiento o una posible reacción derivada de la enfermedad o de su cura deben consultar con un médico u otro profesional de la salud cualificado.

MIXTO
Papel | Apoyando la
silvicultura responsable
FSC® C016973

CÓMO MANIFESTAR

Su guía personal

STEPHANIE KEITH

Librero

ÍNDICE

Cuando puse la llave en la cerradura de mi hogar soñado y crucé la puerta, fue como entrar en una nueva realidad. Una realidad que yo creé. Una realidad que solo tres meses antes no hubiera parecido posible, que todos me decían que era poco razonable y descabellada. Para mí fue la confirmación de que cuando confías en el universo, puedes crear tu realidad junto con él. Todos poseemos este poder infinito en nuestro interior. Si nos hacemos conscientes y trabajamos la intencionalidad, todo es posible. Prometí que haría de ello mi misión, lo compartiría y enseñaría a otros a acceder a este poder y a manifestar sus sueños.

Meses antes, había estado sentada en mi pequeña y casi centenaria casita, mirando fijamente la ventana que goteaba mientras llovía, sintiéndome impotente porque sabía que no tenía dinero para repararla. Mientras sostenía a mi hija recién nacida, una oleada de ansiedad me invadió cuando empecé a pensar en esa casa vieja y en todos los peligros que posiblemente acechaban tras las paredes, como moho negro, pintura con plomo y viejos cables eléctricos. Al mirar a esa criatura inocente que dependía de mí para todo, supe que quería darle la mejor vida posible, pero no tenía ni idea de cómo hacerlo. Mi marido se había

quedado sin trabajo, y sin tener título universitario y viviendo en una zona rural, las posibilidades de encontrar empleo eran escasas. Yo tenía un trabajo de nivel básico y apenas ganaba lo suficiente para pagar las facturas. Hasta el último céntimo de mi sueldo se iba en pañales y leche de fórmula. Vivía a seis horas de mi familia y me sentía perdida, atascada y sin esperanza. Entonces ocurrió algo increíble.

Mi madre me envió un libro por correo y me dijo que lo leyera. Nunca olvidaré la sensación que tuve al sostener aquel volumen en las manos y leer en la primera página una cita de la legendaria *Tabla Esmeralda*: «Como es arriba, es abajo. Como es adentro, es afuera». Sentí cada átomo de mi ser encenderse de emoción. Era como si me hubiera encontrado con un viejo amigo, con una antigua sabiduría que había olvidado. Aunque no podía explicarlo, sabía en lo más profundo de mi corazón que ese libro lo cambiaría todo. Poco me imaginaba que en tres meses mi vida se transformaría por completo. ¡Cada parte de mi vida donde faltaba algo dio un vuelco total! Manifesté la cantidad exacta de dinero que necesitaba para el depósito de mi casa soñada. Recibí un ascenso que duplicó mi salario. Mi marido pudo entonces volver a la universidad para seguir con sus objetivos profesionales y mi madre se mudó más cerca de nosotros para ayudarme a cuidar de mi hija mientras yo iba a trabajar. Las circunstancias que llevaron a estos increíbles cambios

Mi deseo para usted es manifestar...

- ★ Una vida plena de abundancia haciendo aquello que más le guste.
- ★ Una vida donde cada día está repleto de amor y alegría.
- ★ Una vida que no conozca límites.
- ★ Una vida que usted mismo cree basándose en sus deseos.

eran prácticamente milagrosas. Una vez me di cuenta del poder que tenía en mi interior, establecí la intención de manifestar una vida de la que no deseara tomarme vacaciones, una vida en la que me sintiera realmente viva, despertándome cada mañana con alegría, gratitud e ilusión. Una vida donde experimentara la verdadera libertad y en la que poder hacer lo que quisiera todos los días. Una vida llena de pasión y significado.

Desde entonces, he manifestado un negocio variado que me apasiona, libertad económica y más alegría y plenitud de la que jamás hubiera imaginado. Mi intención es que aproveche usted las herramientas de este libro para manifestar una vida de la que no quiera tomarse unas vacaciones nunca. Permita que el libro le ayude a acceder a su poder superior y a conseguir plenitud, alegría y más amor.

Cómo utilizar este libro

Le sugiero que empiece el libro leyendo cada capítulo en el orden en que se presentan. Aunque se sienta tentado a saltarse algún capítulo o tema, el libro está concebido no solo para darle a conocer las ilimitadas posibilidades de la manifestación, sino también para que entienda en profundidad el proceso y cómo este funciona para usted en un nivel profundo y personal. Para ayudarle con ello, he incluido elementos interactivos especiales repartidos por el libro, como sugerencias y trucos que le ayudarán a perfeccionar su arte para alcanzar la máxima eficacia a la hora de manifestar sus deseos.

Afirmaciones

Las afirmaciones son declaraciones en las que expresa su deseo en tiempo presente, como si ya fueran verdad. Para que algo se manifieste, debe creer que es posible; por tanto, piense en las afirmaciones como breves mantras que le comunican al universo exactamente lo que usted está manifestando. Cada capítulo contiene afirmaciones para guiarle en la transmisión de sus deseos al universo.

Sugerencias de manifestación

Son trucos para no salirse del camino y concentrarse en lo que debe para manifestar con la máxima eficacia posible. Repáselos de vez en cuando, como breves recordatorios para mantener fresca su práctica.

Actividades y ejercicios

Cada capítulo contiene como mínimo una actividad o ejercicio que le servirá para manifestar sus deseos con mayor intensidad. Las meditaciones guiadas le

enseñarán a centrarse y a sintonizar sus frecuencias vibratorias con las del universo. Otra forma de hacerlo es llevando un diario. Esta es una manera excelente de organizar sus sentimientos, tratar con las ansiedades y poner en palabras lo que desea. Estas actividades pondrán en marcha la manifestación.

Observará que cada capítulo lleva ejercicios que le enseñarán diversos métodos para que su manifestación contenga la máxima eficacia. Ciertas actividades, como la meditación o el movimiento con atención plena, le ayudarán a abrir líneas de comunicación con el universo y le enseñarán a acceder a sus deseos más profundos. Cuando vea una meditación en un capítulo, simplemente prepare un lugar tranquilo y sereno donde no le puedan interrumpir. Piense en lo que le hace sentir calmado y arraigado y tome varias respiraciones profundas. Luego, cierre los ojos y medite sobre el tema sugerido. Con esta práctica aprenderá a dialogar con el universo sobre lo que desea. Como es adentro, es afuera.

✳ ✳ ✳

¿QUÉ ES LA MANIFESTACIÓN?

1

Todo empieza por entender la energía y la frecuencia y cómo estas construyen la vida tal como la conocemos. Mire a su alrededor. Todo lo que ve empezó como un pensamiento. Su casa, su coche, su ropa, su teléfono y este libro se originaron como un pensamiento en la mente de alguien. Alguien tuvo una idea inspirada y usó su imaginación para visualizarlo. Creyó en la posibilidad y planificó mentalmente los detalles antes de que se convirtiera en una realidad física. Todo empieza en la mente. Es allí donde se crea toda la realidad. Sus pensamientos crean cosas, y aquello en lo que se concentra se expande; esto se conoce como la ley de la atracción.

La ley de la atracción afirma que puede manifestar cualquier cosa si le pide al universo lo que desea, si posee una fe inquebrantable en que se cumplirá y si está abierto a recibirlo emprendiendo una acción inspirada. Todo es energía. Si observa cualquier cosa con un microscopio de suficiente magnitud, verá que no hay nada sólido. Todo se compone de partículas diminutas que vibran en diferentes frecuencias. La silla en la que está sentado, el libro que sostiene en las manos, incluso su cuerpo no son realmente sólidos, sino también energía en movimiento constante. Toda la energía está interconectada, tanto en el planeta Tierra como en el universo. ¿Qué significa esto? Significa que usted es uno con el universo.

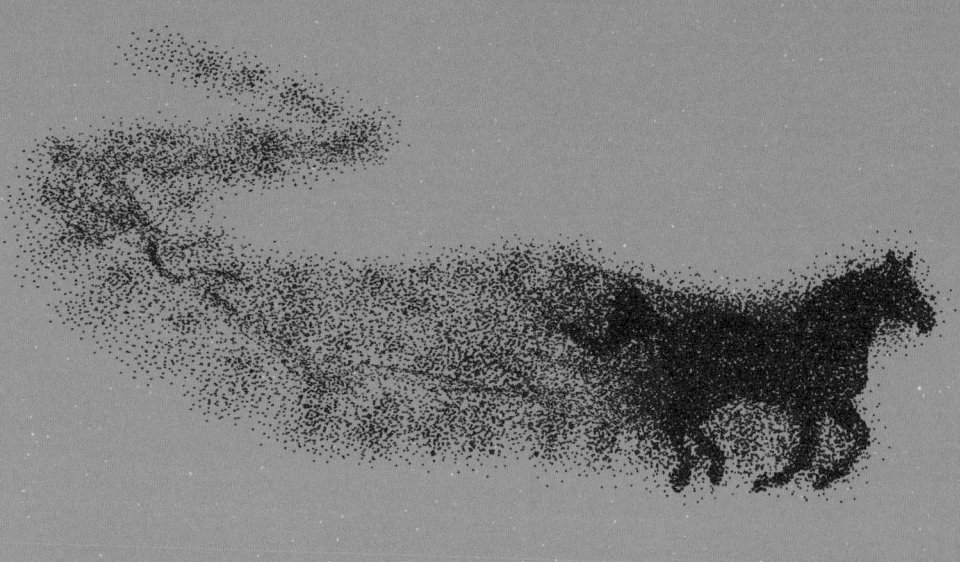

Los tres pasos

........◆◆◆◆◆◆........

La ley de la atracción requiere una creencia inquebrantable en que funcionará, así que permítase creer en todas las posibilidades y aceptar plenamente las prácticas del libro.

Los tres pasos básicos de la ley de la atracción que se enseñan más comúnmente son:
1. Pedirle al universo lo que quiere.
2. Creer por completo en que se cumplirá.
3. Abrirse para recibirlo.

¡Es usted más poderoso de lo que cree! Existe una regla constante: la energía que invierte es la energía que recibe de vuelta. Lo que aparece en su realidad física es un reflejo directo de la energía que emite a través de sus pensamientos, sentimientos y vibraciones. La ley de la atracción opera junto con otras leyes universales, como la ley de la vibración. Para grabar sus pensamientos en el campo electromagnético que le rodea, los sentimientos deben estar asociados con los pensamientos. Los sentimientos amplían los pensamientos. Piense en ello como en el mando del volumen. Cuanto más intensamente sienta, más alto será el mensaje para el universo. Puede ajustar su frecuencia vibratoria a la de su realidad deseada. Aunque la ley de la atracción no ha sido un término popular hasta hace poco, funciona desde el alba de los tiempos. Hay indicios de ello en numerosos textos religiosos, pero las masas no se han percatado de ello, o no se les ha enseñado, hasta más o menos el último siglo. Se cree que los poderosos mantenían este conocimiento en el interior de sus círculos privados para conservar su poder sobre la gente, pero eso ya no es así. Es hora de que todo el mundo acceda a este conocimiento y empiece a crear la vida de sus sueños.

Aunque estos pasos conforman el marco básico, existen numerosas cosas que pueden entrometerse en el camino. A lo largo del libro profundizaremos en prácticas que le ayudarán a vencer los obstáculos para la manifestación.

Al igual que la ley de la gravedad, la ley de la atracción funciona siempre, seamos o no conscientes de ello. Ha estado trabajando toda su vida para atraer cosas hacia su realidad, aunque usted desconociera esta ley. Piense en los niños que están aprendiendo a caminar. No comprenden la ley de la gravedad, pero inevitablemente caen al suelo cuando aprenden a dar esos primeros pasos. A la ley de la gravedad no le importa que sean poco más que bebés y que no entiendan la ley. No muestra favoritismo ni discriminación. Siempre funciona, para todo el mundo y en todo momento. Lo mismo pasa con la ley de la atracción. Usted ha estado siempre atrayendo cosas hacia su realidad. Simplemente no ha sido consciente de ello, por lo que ha ido creando su realidad con el piloto automático puesto. Imagínese todo lo que podría cambiar su vida si empezara a crear su realidad con intención.

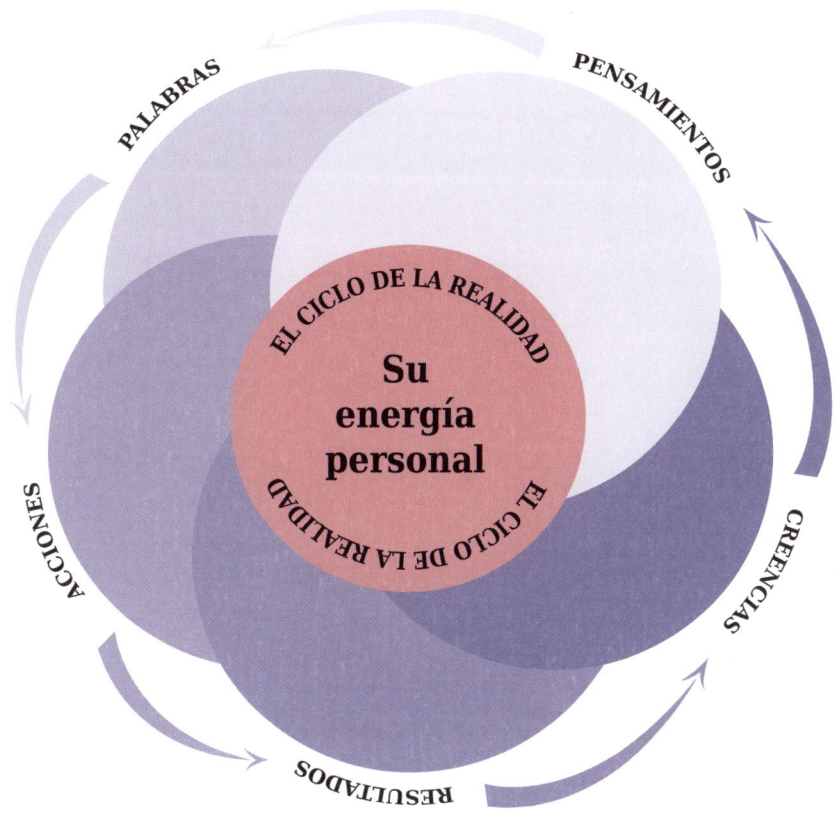

¿Qué es la realidad?

La física cuántica y lo que se conoce como «el efecto del observador» nos dicen que existen múltiples longitudes de onda o probabilidades. La probabilidad que se convierte en realidad es la que se espera en función del observador: usted. Su cerebro usa sus experiencias pasadas, creencias, pensamientos y vibraciones con sus cinco sentidos para colapsar estas longitudes de onda y crear su realidad. Es por ello que, aunque todo es energía en movimiento, nuestro cerebro procesa las cosas como sólidas. No es más que su percepción del mundo que le rodea basada en sus pensamientos, creencias y experiencias combinadas con sus cinco sentidos. Lo que esto significa es que nada existe verdaderamente en la forma hasta que usted lo observa. En teoría, si sale de la habitación donde se encuentra ahora, esta ya no existe como materia sólida. Es cuando entra en ella y la observa que sus expectativas crean la materia sólida que ve ante usted. La realidad no parece tan real al fin y al cabo, ¿no es cierto? Esos mismos pensamientos, creencias y experiencias que crean su realidad se pueden utilizar también para modificarla. Posee el poder de cambiar sus pensamientos, sentimientos y vibraciones; por tanto, posee el poder de cambiar su realidad independientemente de su pasado, de dónde nació, de los años que tenga y de cuáles sean sus circunstancias actuales.

Estoy listo para comenzar mi viaje de manifestar milagros en mi vida. Estoy dispuesto a tener una mente abierta y a confiar en el universo.

Cómo meditar

Una de las herramientas más poderosas que puede emplear para la manifestación es la meditación. Esta le ayuda a ralentizar sus pensamientos acelerados y le permite evaluar lo que siente. Es el primer paso para organizar y despejar el ruido interno que puede llegar a originar creencias que obstaculizan la recepción de lo que desea y merece. La meditación ayuda también a elevar su estado vibratorio para poder comunicar con mayor eficacia sus deseos al universo, de los que hablaremos posteriormente. Empecemos con lo básico y, a medida que avance en la lectura del libro, se le guiará hacia prácticas más concretas.

★ Empiece por encontrar un lugar cómodo y tranquilo donde no haya distracciones. Siéntese en el suelo, en una silla, sobre las rodillas o túmbese; lo importante es que pueda mantener cómodamente la posición durante un rato.

★ Cierre los ojos. Observe su cuerpo y cómo se siente. Tome varias respiraciones profundas para relajar el cuerpo y la mente. Inhale calma y libere cualquier ansiedad al soltar el aire.

★ A medida que su respiración se estabilice, concéntrese en cada respiración. Si la mente se distrae, vuelva a la respiración.

★ Si hay algo concreto en lo que quiera concentrarse durante su meditación, piense en ello ahora. Permita que el tema y su respiración se conviertan en uno.

★ Cuando esté listo, poco a poco vuelva su atención al cuerpo. Observe cualquier sensación física, sus pensamientos y emociones, y escuche los sonidos del espacio que le rodea.

★ Cuando su atención vuelva a lo físico, abra los ojos.

Ser, no hacer

Un malentendido común sobre la ley de la atracción es pensar que puede visualizar lo que quiere, o escribirlo en un diario, y hacer algunas afirmaciones, y al instante se manifestará lo que desea. La ley de la atracción no trata sobre *hacer*. Trata sobre *ser*. No puede hacer afirmaciones por la mañana, volver a ser negativo el resto del día y esperar que su deseo se manifieste.

La ley de la atracción responde a su energía, la energía que con mayor frecuencia sostiene. No importa el ritual que elija si primero no se consagra a adoptar esa nueva versión de usted mismo, en la que se centra más en lo que quiere que en lo que no quiere. Es por eso que los que ganan la lotería casi siempre acaban perdiendo todo su dinero. Ganaron la lotería, pero sus creencias y actitudes no cambiaron. Siguen viviendo con una mentalidad de escasez; por ello, la escasez continúa manifestándose para ellos. Piense en qué actitud tiene frente a la vida. ¿Suele ver el lado bueno de las cosas o siempre se está quejando? ¿Es bueno y generoso con las personas o cree que todo el mundo está tramando algo contra usted? ¿Le ilusiona el futuro o siempre se está preocupando por él? Estas preguntas pueden darle pistas sobre por qué ciertas situaciones se siguen repitiendo en su vida. Si tiende más hacia el lado negativo, no se preocupe. Nunca es demasiado tarde para cambiar. Las herramientas que encontrará en el libro le ayudarán a conseguirlo si lo desea de verdad y si cree que puede hacerlo.

Mi energía crea mi realidad. Estoy listo y dispuesto a utilizar este poder con intención y para lo bueno.

Creer en lo posible

Para manifestar lo que desea, debe creer que es posible. La primera vez que leí el libro que me dio a conocer la ley de la atracción, decidí ir a por todas y creer plenamente en todas y cada una de las posibilidades. Dejé que mi imaginación se desbordara. Me abrí a la posibilidad de la magia y los milagros. Dejé a un lado todo escepticismo y duda. Lo vi todo como un juego, ¿por qué no? ¿Qué tenía que perder? Con esa mentalidad, empecé a experimentar la vida de una forma que nunca creí posible.

Lo mismo puede ser verdad para usted. Le pido que mantenga la mente abierta cuando lea este libro. Piense en esto: en un momento de la historia, si les hubiera dicho a la gente que podía iluminar una habitación dándole a un interruptor, sin velas, hubieran pensado que estaba hablando de magia y que eso no era posible. Hace solo unas décadas, si hubiera intentado explicar qué es un smartphone o la conexión inalámbrica, las personas le hubieran dicho que eso era ciencia ficción y por tanto imposible. Hoy día, todo el mundo utiliza estas tecnologías, que se han convertido en parte de nuestra vida cotidiana. Yo creo que lo mismo es verdad para la ley de la atracción, y que todo el mundo la aceptará y utilizará para crear un mundo mejor, libre de todo dolor y sufrimiento innecesario. Usted posee el don del libre albedrío. Nadie más es responsable de crear su realidad. Solo usted puede controlar sus pensamientos, sentimientos y vibraciones. Está en su interior, no en ninguna persona o circunstancia externa.

> ## Sugerencia
>
> Concéntrese en lo que quiere, en lugar de en lo que no quiere. En vez de concentrarse en no tener deudas, concéntrese en crear abundancia.

Es usted quien está sentado en el asiento del conductor. ¿Está listo para abandonar el piloto automático y empezar a vivir de verdad una vida plena?

¿Qué es la manifestación?

Manifestar es el acto por el cual sus deseos se evidencian en su realidad física. Es la acción emprendida para llevar los principios de la ley de la atracción a su vida. Está conectado con una fuente infinita de energía y sabiduría. A lo largo de este libro, me referiré a ello como el universo, pero usted puede utilizar cualquier palabra que para usted tenga significado: Dios, fuente, poder superior, etc. Siempre está conectado con esta energía; por tanto, siempre se está comunicando con el universo mediante sus pensamientos, sentimientos y vibraciones. Sus pensamientos generan sentimientos, y cuando siente algo con la suficiente intensidad y tiempo, eso puede modificar su vibración energética, sintonizándole con la frecuencia vibratoria de su realidad deseada. Del mismo modo que sintoniza con diferentes cadenas radiofónicas, puede hacerlo con las frecuencias vibratorias. Cuanto más sentimiento le pone a sus pensamientos, y cuanto más tiempo permanece con esos pensamientos y sentimientos, más intensa es la señal para el universo.

Por suerte, hay una demora. Si las cosas en las que pensamos y sentimos se manifestaran instantáneamente, tendríamos graves problemas. ¡Significaría que todo pensamiento malo, aterrador u odioso que tuviéramos se haría realidad! Imagínese pagando sus facturas y sintiéndose abrumado por las deudas. Si el universo lo manifestara al instante, ¡se vería aplastado bajo una montaña de deudas! Por fortuna, el universo responde a lo que piensa y siente buena parte del tiempo. Esto dicta su vibración energética. Si piensa y siente pensamientos y sentimientos positivos más del 50 por ciento del tiempo, se dará una vibración más elevada y manifestará cosas de esa misma vibración. Si la mayor parte del tiempo se siente negativo, atraerá circunstancias más negativas a su vida.

¿Ha conocido alguna vez a personas que siempre ven el vaso medio lleno? Podrían ganar la lotería, pero en lugar de sentirse agradecidos, se quejarían de los impuestos que tienen que pagar al gobierno. Estas personas son negativas la mayor parte del tiempo y viven en una vibración más baja. De igual modo, probablemente conoce a personas que son siempre optimistas. Siempre sonríen y parece que las cosas siempre les van bien. Estas personas son positivas la mayor parte del tiempo y viven en una vibración más elevada. La mayoría de nosotros estamos en el medio. Por eso es tan importante que nos hagamos conscientes de nuestros pensamientos, sentimientos y vibraciones y que sigamos centrándonos en personas, lugares y experiencias que eleven nuestra vibración.

Cómo manifestar

Sus sentimientos son su sistema de orientación interno. Piense en ellos como una retroalimentación del universo. Le están haciendo saber si está o no en el buen camino. Si tiene dudas, concéntrese en lo que le hace sentir bien y cambiará su vibración. Hay dos tipos de manifestación: la que se realiza desde el ego y la que realiza desde el yo superior.

Manifestar desde el ego

Cuando manifiesta desde el ego, está manifestando lo que *piensa* que le hará feliz. A menudo esto es algo que parece genial desde fuera, pero carece de sustancia y no es lo que le hará feliz a largo plazo. Puede ser también lo que nuestro cerebro nos dice que es razonable.

El ego es lógico y práctico. Utiliza creencias y experiencias almacenadas para conformar sus decisiones. El ego está allí para protegerle. Es como los padres, que te empujan hacia un camino porque quieren lo mejor para ti, aunque tal vez ese camino no es el que te hace feliz. Lógicamente, puede parecer la elección más segura, pero si no le da satisfacción, ¿es realmente el camino adecuado? Yo no lo creo así. Existe una forma mejor y más fácil: la de conectar con su yo superior. Nuestro cerebro es capaz de procesar hasta cuatrocientos mil millones de bits de información por segundo. Aunque ese es un número extraordinario, sigue siendo solo una fracción de lo que nos rodea en todo momento. Como seres humanos, solo somos capaces de ser conscientes de unos dos mil bits por segundo.

Eso deja un montón de información fuera de nuestra atención consciente. Es por ello que estamos limitados si solo usamos el ego para manifestar. Llevamos las anteojeras puestas y solo podemos entender el camino que forma parte de nuestra atención consciente. Ahí es donde puede intervenir nuestro yo superior y ayudarnos a manifestar nuestros deseos del mejor modo posible para que lleguen a realizarse.

> ## Sugerencia
>
> ••••••••••◆◆◆◆◆••••••••••
>
> Sostenga la vibración del amor siempre que le sea posible. Es nuestro estado natural y la frecuencia vibratoria más elevada.

Manifestar desde el yo superior

Cuando manifiesta desde su yo superior, está manifestando lo que realmente le hace feliz. Cuando aprendí sobre la ley de la atracción, mi prioridad absoluta fue manifestar dinero. Sentía que eso haría desaparecer todos mis problemas y me haría sentir feliz y realizada. No podía haber estado más lejos de la realidad. Me concentraba demasiado en *cómo* manifestaría el dinero, en lugar de confiar en que el universo cumpliera mis deseos de la mejor manera, la más satisfactoria. Creí que tenía que ser práctica.

El problema era que el único medio «práctico» de manifestar dinero del que era consciente en esa época era a través de mi empleo en la empresa. Estaba tan concentrada en cómo manifestaría el dinero que no le di al universo ninguna otra opción. Así que empecé a manifestar todo tipo de dinero mediante aumentos de sueldo, bonificaciones y ascensos. Con cada ascenso, más responsabilidad recaía sobre mis hombros, y me encontré cada vez más estresada y desgraciada. Llegué a un punto en que no tenía vida fuera del trabajo. Salía de casa temprano para ir a trabajar, cuando todavía era oscuro, y cuando llegaba a casa solo tenía el tiempo suficiente para darle la cena a mi hija y bañarla antes de acostarla.

Me estaba perdiendo los momentos especiales de la vida de mi hija, me peleaba con mi marido, no me cuidaba nada y me sentía ansiosa en todo momento. Vivía para los fines de semana y mis dos semanas de vacaciones anuales. Pasaba todo el domingo temiendo el lunes. Pero seguía adelante porque me decía que el dinero le daría a mi hija la mejor vida posible.

Todo se vino abajo el día en que cumplí los treinta años. Reflexionando sobre la veintena, llegué a darme cuenta de que había dedicado una década entera a un trabajo que me llenaba de temor y ansiedad. Sabía que no podía seguir por ese camino otros diez años, y mucho menos treinta más. Me di cuenta de que el dinero no merecía la pena si me impedía disfrutar de la vida con mis seres más queridos.

Fue en esos momentos bajos cuando conecté con mi yo superior. De pronto sentí que me invadía una sensación de calma y seguridad. Una voz en mi interior me dijo: «Libertad. No es el dinero. Es la libertad que tú creías que te daría el dinero lo que realmente buscas. Quieres manifestar una vida de la que no quieras tomarte unas vacaciones».

Universo, estoy listo para ver las cosas bajo una nueva luz. Confío en que me guiarás por el camino correcto, estoy listo y dispuesto a abrirme a nuevas posibilidades. Desecho cualquier duda y me entrego a ti por completo.

No quería esperar a la jubilación para empezar a vivir de verdad y disfrutar de lo que la vida te puede ofrecer. Quería que cada día fuera como unas vacaciones. Quería levantarme por la mañana con ilusión en lugar de temor. Quería ir a la playa en un día entre semana. Quería asistir a todos los actos de la escuela de mi hija. En ese momento me di cuenta con toda claridad de que, al preocuparme sobre *cómo* manifestar el dinero, estaba poniendo límites a las infinitas posibilidades que tenía a mi alrededor. En ese momento de revelación, me rendí por completo y confié en el univero. Al poco tiempo, tuve la idea de crear la página de Instagram *Law of Attraction Tribe*, que se convirtió en un negocio y me proporcionó una plataforma desde la cual enseñar a personas de todo el mundo sobre la ley de la atracción mediante libros, cursos y un podcast. El universo preparó el camino perfecto hacia la plenitud, la felicidad y la abundancia.

Su yo superior no conoce límites. Está conectado con la sabiduría infinita del universo y puede ver mucho más allá de lo que el cerebro humano es capaz de procesar. Le conducirá por el camino de la menor resistencia hacia la alegría y la plenitud verdaderas. Confíe en él y acéptelo.

Manifiesto mis sueños sin esfuerzo.

✳ ✳ ✳

2

ACEPTAR SU YO SUPERIOR

A medida que nos adentramos en la manifestación, iremos explorando el tema del ego frente al yo superior con mayor profundidad. En nuestra sociedad, estamos programados para tomar decisiones desde el ego. Es la voz de la lógica y la razón, y su único cometido es mantenernos a salvo, a menudo sin dejar espacio para la espiritualidad ni la imaginación. Se esfuerza mucho para evitar situaciones que nos inspiren temor, basándose en pasadas experiencias y creencias.

Por otro lado, su yo superior siempre está conectado con el poder y sabiduría infinitos del universo. Es un claro canal de comunicación entre la fuente de energía y usted. Ve el panorama completo y comprende la magnificencia de lo que le espera. El yo superior es tranquilo, sereno y seguro. Es su verdadero yo. Su yo superior no siempre parece lógico al principio. Le da fragmentos de información, trocito a trocito, y precisa que confíe en que le guiará por el buen camino. Su yo superior vive en el momento presente. Allí donde el ego cree que primero necesita algo antes de sentirse feliz y realizado, el yo superior entiende que usted posee la capacidad de ser feliz ahora. Encontrarse ahora en un estado de amor, gratitud y alegría le armonizará con la manifestación que le traerá incluso más felicidad y plenitud.

Cuando manifiesta desde el ego, nunca será suficiente. Si continuamente busca la felicidad ahí fuera, esta le esquivará. Es escurridiza. Puede manifestar lo que piensa que quiere, pero siempre tendrá la sensación de necesitar más para mantener la felicidad. Al conectar con su yo superior, desarrolla la comprensión de que la felicidad procede del interior. Tiene acceso a ella en cualquier momento, independientemente de las circunstancias externas.

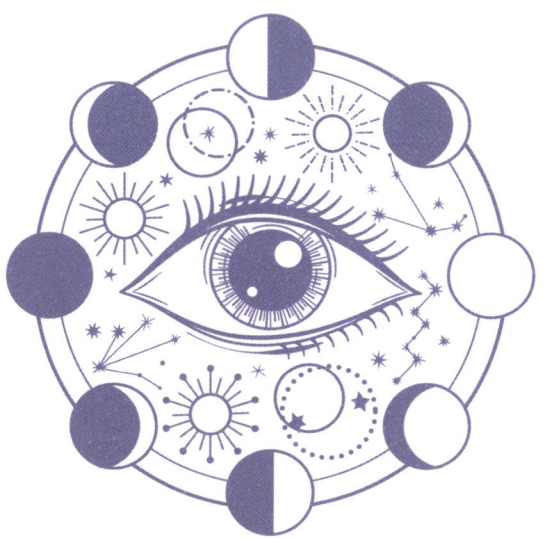

Siga su guía interior

Puede usar sus sentimientos como un indicador para saber si está manifestando con el ego o con su yo superior. Recuerde, sus sentimientos sirven como un sistema de orientación interior. Sentirse bien ahora indica que está conectado con su yo superior. Pensar que se sentirá bien cuando algún factor externo se manifieste, le indica que está funcionando desde el ego.

Otra señal de que está conectado con su yo superior es operar desde un lugar de facilidad en lugar de resistencia. Nuestra sociedad nos enseña que el trabajo duro da resultados. Pero, como expliqué anteriormente, esto proviene del pensamiento limitado de un cerebro que sigue siendo práctico. Imagínese nadar en un río a contracorriente. No es natural y no nos hace sentir bien. Es algo forzado. ¡Existe una forma más fácil! Cuando finalmente se suelta, simplemente fluye con la corriente natural. Ríndase y deje que su yo superior le guíe por el camino de la menor resistencia.

Durante años, yo manifesté desde mi ego. Seguí en mi empleo en una empresa, aunque me sentía fatal, y eso tuvo un efecto negativo en mi vida. Me quedé por el dinero, porque eso era lo normal y práctico. Me quedé porque me preocupaba lo que pensarían los demás si dejaba un trabajo seguro y bien pagado. Me quedé porque tenía miedo y dudas sobre poder tener buenos ingresos haciendo lo que me gustaba. Eso condujo a un montón de sufrimiento innecesario y, con el tiempo, a un agotamiento que me provocó ataques de pánico en el trabajo. Sabía que quedarme no me hacía sentir bien, pero dejé que el miedo ganara y me mantuviera estancada en una situación negativa durante demasiado tiempo.

> ## Sugerencia
>
> Piense en las veces en que manifestó desde el ego. Eligió el camino lógico o razonable al tomar la decisión. ¿Cómo le hizo sentir eso? ¿Cuál fue el resultado?

Reconozca a su yo superior

Su yo superior entiende plenamente su unidad con el universo. Sabe que su manifestación ya ha tenido lugar. De hecho, la física cuántica nos dice que existe un número infinito de realidades. Solo tenemos que sintonizar con la frecuencia de la realidad que queremos. El ego solo conoce un camino para llegar allí, pero el yo superior es capaz de situarse en el camino de la máxima plenitud. Es un espacio donde se sabe que el deseo ya se ha manifestado. A usted solo le queda alinearse energéticamente con él. Cuando manifiesta desde su yo superior, tendrá una fe inquebrantable en que sus deseos se manifestarán de la mejor forma posible. A menudo, intentamos controlar el modo en que suceden las cosas, pero esto no es necesario. Su yo superior siempre sabe cuál es el mejor camino para ir de A a B.

Poseo el poder de crear mi vida.

Casi todas las cosas increíbles que he manifestado no ocurrieron del modo en que había imaginado. Cuando no era capaz de manifestar, o tardaba mucho más de lo esperado, era porque estaba intentando controlar cómo pasaría, en lugar de dejar que el universo lo hiciera del mejor modo posible. Cuando empieza a conectarse con su yo superior, se siente inspirado para pasar a la acción. No se percibe como un esfuerzo ni una obligación con la que hay que cumplir. Le estimula y le da energía.

Esto es manifestación divina. No tiene por qué conformarse con lo mediocre. Puede crear una vida que le satisfaga en todos los sentidos. No tiene que hacer ningún sacrificio. A menudo pensamos que para lograr algo grande, tenemos que renunciar a algo a cambio. Pero eso no es cierto. No tiene que quedarse con cosas que no le sirven para su mayor bien. Puede soltar cualquier cosa que le parezca difícil o forzada. Con la manifestación divina, puede manifestar sus deseos de una forma fácil y divertida.

Confíe en lo divino

Piense en alguna ocasión en que manifestó desde su yo superior. Emprendió una acción inspirada aunque quizás parecía que no tenía sentido, y la gente de su entorno no lo entendió. ¿Cómo lo vivió? ¿Cuál fue el resultado?

Una de las manifestaciones más audaces que vino de mi yo superior fue cuando me mudé a Florida. Desde que tenía ocho años que sabía que algún día me mudaría a Florida y compraría una casa con piscina. Era un lugar donde me sentía viva, donde el estrés parecía derretirse, siempre hacía sol y la gente parecía más feliz. Hubo muchas ocasiones en que pensé en mudarme allí, pero dejé que el miedo y la incertidumbre se interpusieran en el camino.

En el 2015 nos encontrábamos en una encrucijada. Mi marido estaba terminando la universidad y buscando un trabajo y mi hija estaba lista para entrar en el parvulario. Sabía que una vez estuviera en la escuela y mi marido estuviera afianzado en un trabajo sería más difícil mudarnos, ya que habría demasiadas

cosas que nos retendrían. Sabía que era el momento de dar el paso. Me sentí más segura que nunca. Lo hablé con mi marido, esperando que se mostrara en contra, como había hecho numerosas veces antes. Pero esta vez no hubo discusión ni rechazo. Ante mi sorpresa, simplemente aceptó.

Fijamos una fecha para la mudanza. Presenté mi dimisión en el trabajo y confié plenamente en el proceso, actuando paso a paso. Aunque nos mudábamos a una ciudad que nunca habíamos visitado, donde no conocíamos a nadie ni teníamos trabajo, estaba segura de que era la decisión correcta.

Mis compañeros de trabajo, jefe y amigos trataron de persuadirme para que no lo hiciera. No podían creerse que me mudara sin tener ningún plan ni empleo. Intentaron sembrar la duda en mi mente, pero mi yo superior intervino dándome seguridad y me inspiró a actuar. Cuando se acercaba la fecha de la mudanza, un amigo mío de la empresa consiguió un ascenso, ¡que lo dejaba a cargo del estado de Florida! Sabía que no era una coincidencia. Inmediatamente le llamé y le expliqué mi situación. En dos semanas me llamó y me dijo que cogiera un avión porque tenía una entrevista en Tampa.

Mi marido y yo nos desplazamos para la
entrevista y para buscar un lugar donde vivir.
La entrevista fue de maravilla y me ofrecie-
ron el puesto en el acto. Después de alquilar
la vivienda, mi marido se sintió inspirado
y fue andando hacia el hospital para ver si
había alguna vacante en el departamento de
neumología. Por casualidad se topó con el
jefe del departamento, ¡que se acababa de mu-
dar de otro estado y había alquilado una casa
en el mismo complejo que nosotros! ¡Hablando de sincronización divina y de una acción

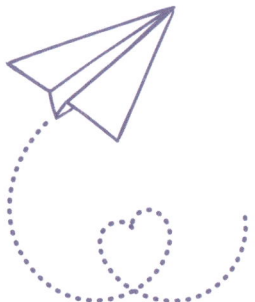

inspirada! Se cayeron bien, le propuso una entrevista y consiguió el trabajo.

El yo superior sabe que cuando hay voluntad se abre el camino. No se preocupa de si no hay un trabajo pactado o de que aún no hayan aparecido todas
las respuestas, porque entiende que operamos en un universo de posibilidades
infinitas y que usted puede manifestar cualquier cosa que necesite o quiera.
Si hubiera estado operando desde mi ego, habría inventado un sinfín de excusas
para explicar por qué esto no funcionaría. Habría escuchado a todos los que me
dijeron que esta decisión era una locura. En cambio, confié en que el universo
cumpliría y no me decepcionó. Entré en mi ser superior y permanecí empodera-
da para cumplir mi deseo.

Aprenda a escuchar a su yo superior

Siempre está conectado con su yo superior, pero puede que no sea consciente de
ello; por eso desconecta. Piense en cuando escucha música. Cuando está tranquilo y le presta atención, la siente. Escucha la letra. Baila. Experimenta verdaderamente la canción. Imagínese ahora que están tocando esa misma canción,
pero que está hablando por teléfono. Ahora no está sintonizando con ella. Está
sonando, pero usted no escucha la letra ni se mueve a su ritmo. Incluso puede
que no se entere de que está sonando. Así es para la mayoría de nosotros cuando
todavía no somos del todo conscientes de nuestro yo superior. Pero a medida
que vaya siéndolo y aprenda a conectar con él, creará un canal y una comprensión más profunda del gran poder al que tiene acceso ilimitado.

Al principio se requiere cierta práctica para aprender a conectar con el yo
superior. Pero como cualquier otra cosa, cuanto más practique más se convertirá en algo automático. Al final podrá acceder con toda rapidez a su yo superior.

Recuerde, sus sentimientos son su sistema de orientación interior. Conecte con los buenos sentimientos, como el amor, la alegría y la gratitud, y accederá a su poder superior. Si se siente negativo, es momento de despejar la mente y conectar de nuevo.

Visualización para conectar con su yo superior

1. En primer lugar cree un espacio sagrado y relajante donde se sienta seguro y pueda calmar la mente. Encuentre un lugar donde sentarse sin interrupciones. Podría ser incluso en el exterior, rodeado de naturaleza y aire fresco. Si quiere limpie la energía del espacio con incienso o agua de colonia. Lleve al espacio cosas que le ayuden a relajarse, como velas, aceites esenciales o cristales.

2. Siéntese con las piernas cruzadas o en una silla. Si se sienta en el suelo, puede poner un cojín debajo. Mantenga la espalda, el cuello y la cabeza erguidos para ser un canal perfecto por donde la energía pueda fluir.

3. Cuando esté cómodo, cierre los ojos y lleve su atención a la respiración sin intentar controlarla.

4. Imagínese una luz dorada que desciende del universo por su *sahasrara*, o chakra de la coronilla (la parte superior de la cabeza) y que baja por su columna vertebral y pasa a la Tierra. Esta luz amorosa y sanadora pasa a través de usted, envolviendo el núcleo de la Tierra y fluyendo de vuelta hacia arriba, pasando de nuevo a través de usted para volver a la fuente.

5. Esta hermosa y pura luz llena todo su ser con cada respiración, y cada vez que exhala suelta todo aquello que ya no le es útil. Ahora está arraigado y seguro, y es un canal trasparente para conectar con su yo superior. Mientras se baña en esta luz dorada, pídale al universo que le conecte con su yo superior.

6. Ponga las manos sobre el corazón y sienta que esa luz irradia de su corazón y le rodea. Ha establecido su conexión con la fuente y está listo para recibir orientación de su yo superior.

Su yo superior conoce su verdadero propósito y quiere guiarle hacia una acción significativa. Es importante que haga de la conexión con su yo superior una práctica meditativa diaria, para que pueda comunicarle adónde ir y qué hacer para una vida mejor. Estas son algunas sugerencias que le ayudarán a meditar con mayor eficacia, abriéndole a la conexión con su yo superior.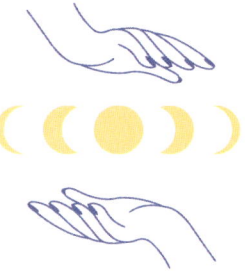

Exploración corporal y respiración: mientras medita, concéntrese en la respiración. Explore el cuerpo, prestando atención a cualquier dolor, y relaje conscientemente cada músculo, de los pies a la cabeza. Esto le llevará al momento presente y abrirá un espacio para que su yo superior se comunique con usted.

Trátese con compasión: es natural que se sienta estresado, ansioso y abrumado. Mientras medita, atraiga energía positiva y permítase reconocer esos sentimientos y luego déjelos ir. Sustitúyalos por amor hacia sí mismo identificando los valores clave que le hacen único.

Honre su espacio: cree un espacio sereno donde meditar. Un desorden excesivo da la impresión de caos y esto dificulta despejar la mente. Limpie su espacio, reúna lo que precise para sentirse cómodo, como cojines y mantas, y hónrelo añadiendo velas, cristales, música suave, una taza de té caliente o cualquier cosa que le haga sentir que el espacio es sagrado.

EL PODER DE
LA INTUICIÓN

3

Es hora de dejar a un lado la idea de que es usted víctima de las circunstancias y aceptar que el poder reside en su interior. Es usted quien controla la historia de su vida. Es usted quien escribe el próximo capítulo. Es hora de utilizar este poder y crear con conciencia junto con el universo. Una de las cosas que los buenos manifestadores hacen es decidir qué quieren. No lo desean, deciden que pasará y no dejan que nada se interponga en su camino. En lugar de poner excusas, mantienen la visión. Mientras que la mayoría de las personas esperan a que las circunstancias externas se vayan alineando, los manifestadores de éxito saben que ya tienen todo lo que necesitan en su interior. A medida que amplía la conciencia y acepta su poder, crecerá energéticamente, pasando de la escasez a la abundancia. Para continuar manifestando, debe centrarse en la abundancia y creer que existe. A diferencia de lo que nos han enseñado, la abundancia es nuestro estado natural. Observe la naturaleza. Todo está perfectamente creado para la plenitud. De cada semilla puede crecer una planta entera.

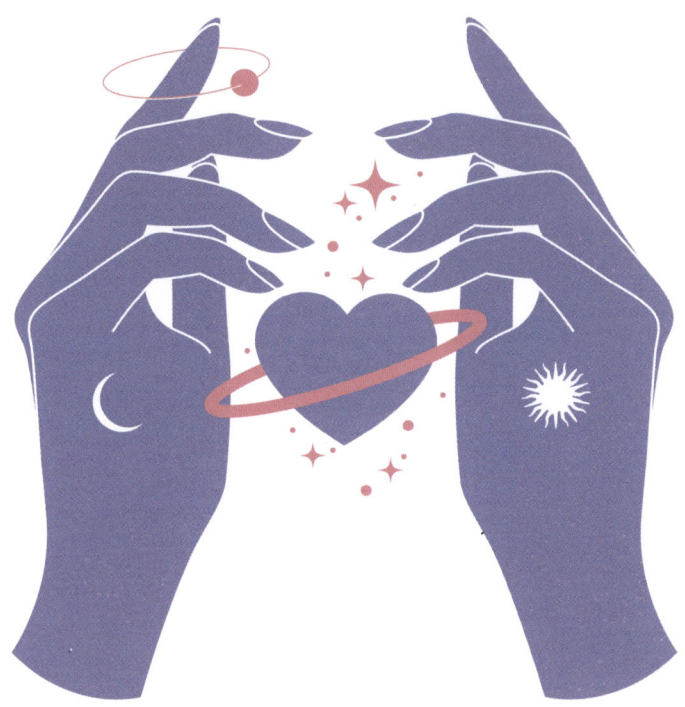

Sea consciente de la abundancia

Una forma excelente ser más conscientes de la inmensa abundancia que nos rodea es observar el cosmos. Nuestro universo es tan vasto y expansivo que es difícil que el cerebro humano lo entienda del todo. El universo observable tiene casi veintiocho mil millones de años luz de diámetro, es decir, un año luz equivale a más de nueve billones de kilómetros. Esto es solo lo que se puede observar. Más allá podría ser infinito, y sabemos que continúa expandiéndose.

A pesar de esa inmensa abundancia que nos rodea, la sociedad nos ha programado para contentarnos con tener solo lo suficiente. No tiene por qué conformarse con ir tirando o tener solo un poquito más. Como demuestran la naturaleza y el universo, siempre hay más que suficiente. La escasez no existe. La única escasez que existe es la que han creado nuestras mentes. No es nada más que una invención humana y solo existe porque no somos conscientes de la abundancia que nos rodea.

Expanda su conciencia

Al igual que el universo se expande continuamente, usted puede expandir su conciencia. Puede expandir su conciencia y la abundancia que experimenta en todos los ámbitos de su vida. Los físicos teóricos cuánticos creen que existe un número infinito de realidades paralelas. Para poder crear la realidad que quiere, debe alinearse energéticamente con ella. Lo hace actuando, pensando y sintiendo como si esta realidad ya fuera suya *ahora*.

Sugerencia

• ★ ¿Cómo se mostraría si todos sus sueños se hicieran realidad?
• ★ ¿Qué pensaría?
• ★ ¿Cómo se sentiría?

La clave es acceder a esos sentimientos. Acceda ahora a esa confianza y esa autoestima.

Obstáculos subconscientes

La mayoría de las personas intentan manifestar cambiando su entorno. Esta es la razón por la cual muchas dietas fracasan y las personas dejan de ir al gimnasio dos meses después de inscribirse. No perseveran porque no han cambiado sus creencias subconscientes que dicen que tienen sobrepeso o que no están sanos. Su subconsciente se entromete dándole todo tipo de razones por lo que esto no puede suceder, por qué no lo merece, y por qué no es realista, dejándole lleno de dudas. Esto le resta poder y no le sirve de nada.

He aquí por qué ocurre. Durante los siete primeros años de vida sus ondas cerebrales se encuentran en un estado theta. Absorbe todo lo que le rodea. Es como si fuera un ordenador que en los siete primeros años de vida se descarga todo su software. Descarga esta información de sus padres, familia, profesores, amigos y cualquier otra persona con la que tenga un contacto regular, así como de los medios de comunicación.

Algunos de estos programas son esenciales. Le enseñan a funcionar en sociedad, a seguir las reglas, a respetar las normas culturales y a mantenerse a salvo. Sin embargo, también capta creencias negativas, basadas en el temor.

Estos programas permanecen en su psique para el resto de su vida, y la sociedad tiende a reforzarlos continuamente. Su subconsciente seguirá buscando pruebas de estas creencias en su entorno.

Elijo ser feliz ahora mismo.

En secundaria, mi profesora de historia tenía una actitud realmente pesimista hacia la vida. Casi todos los días nos decía: «La vida es dura, chicos. Acostumbraos». Esto resonaba con lo que mi papá decía siempre, que hacer dinero costaba un gran esfuerzo. A medida que me hacía mayor y afrontaba los retos que me presentaba la vida, los aceptaba y me decía a mí misma que era normal, porque la vida era dura. Eso me impedía ver situaciones mejores porque mi subconsciente creía firmemente que, pasara lo que pasara, la vida iba a ser dura.

Mi subconsciente buscaba pruebas que encajaran con esta creencia hasta que aprendí a refutarla y a reprogramar mi subconsciente, la parte dominante de la mente. Puede pensar que controla conscientemente su vida, pero la verdad es que es el subconsciente el que tiene el control el noventa y nueve por ciento de las veces. Puede querer algo conscientemente, pero si contradice sus creencias subconscientes, probablemente no se manifestará. El subconsciente se esfuerza mucho por mantener el *statu quo*. Sigue sus creencias y valores y cree que son verdades absolutas, así que cuando algo las contradice, su subconsciente desconfía y se esfuerza por protegerle de ello.

Meditación para aceptar su poder

❖

Yo soy uno con el universo abundante, y decido entrar en mi estado natural de abundancia. Soy un canal trasparente y creo mis deseos junto con el universo. Soy merecedor de todo lo que deseo. Invoco esta poderosa energía y asumo mi poder superior para crear conscientemente mi realidad.

Reprograme su subconsciente

Por suerte, existe una forma de reprogramar las creencias que ya no sirven a su mayor bien. Después de la edad de siete años, el subconsciente solo aprende a base de repetición. Así es como puede actualizar ese viejo programa con nuevas creencias de abundancia.

Las afirmaciones de «yo soy» son mi forma favorita de reprogramar las creencias que no sirven a su mayor bien. El subconsciente no es capaz de distinguir entre realidad e imaginación, así que hablando, actuando y pensando como si ya hubiera alcanzado sus deseos, el subconsciente creerá que es realidad y dejará de resistirse a ello.

Cuando todavía estaba en mi trabajo en la empresa, tratando con la ansiedad y sintiéndome impotente, empecé a utilizar afirmaciones de «yo soy» para contar una nueva historia y formar la realidad que quería crear. Imaginé cómo quería que fuera mi día ideal y lo usé para redactar mis afirmaciones. Todos los días, lo primero que hacía por la mañana era repetir: «Yo soy mi propia jefa. Yo decido mi propio horario. Soy una autora y empresaria de éxito. Vivo según mi propósito. Me siento realizada en el trabajo». Estas afirmaciones me ayudaron a asumir mi poder y a acceder a esta nueva versión de mi vida, actuando como si ya hubiera sucedido, sintiendo como estaba ocurriendo. Repetía las afirmaciones una y otra vez hasta que sentía gratitud y alegría, como si esta fuera ya mi realidad. Puede ponerlo en práctica utilizando las palabras «yo soy» seguidas por cualquier nueva creencia que le otorgue más poder.

Las palabras «yo soy» le sitúan en el momento presente de ya tener ahora lo que desea. Le sitúa en el estado de asumirlo interiormente y de estar viviéndolo. Esto, combinado con los sentimientos que experimenta ahora, es lo que lo convertirá en un potente imán para aquello que desea.

La clave es la repetición. Así es como aprende el subconsciente. Las afirmaciones resultan especialmente potentes antes de dormirse, cuando el cerebro vuelve al estado theta. Leer, escribir o escuchar una afirmación grabada antes de acostarse contribuirá a reprogramar rápidamente su subconsciente. También puede programar el móvil, poner notas adhesivas en el espejo del baño o hacer cualquier otra cosa que le recuerde continuar con este proceso de repetición.

> **Sugerencia**
>
> Repita afirmaciones de «yo soy» tan a menudo como sea posible: Soy abundante, soy digno de todo lo que deseo, yo soy el creador de mi vida.

Con el tiempo sus nuevas creencias potenciadoras serán predominantes y acallarán la duda y las creencias basadas en el miedo. Su subconsciente aceptará estas nuevas creencias como algo familiar y dejará de resistirse a ellas. También empezará a buscar pruebas en su entorno que confirmen estas nuevas creencias.

Vivo mi propósito y conozco mi propio poder.

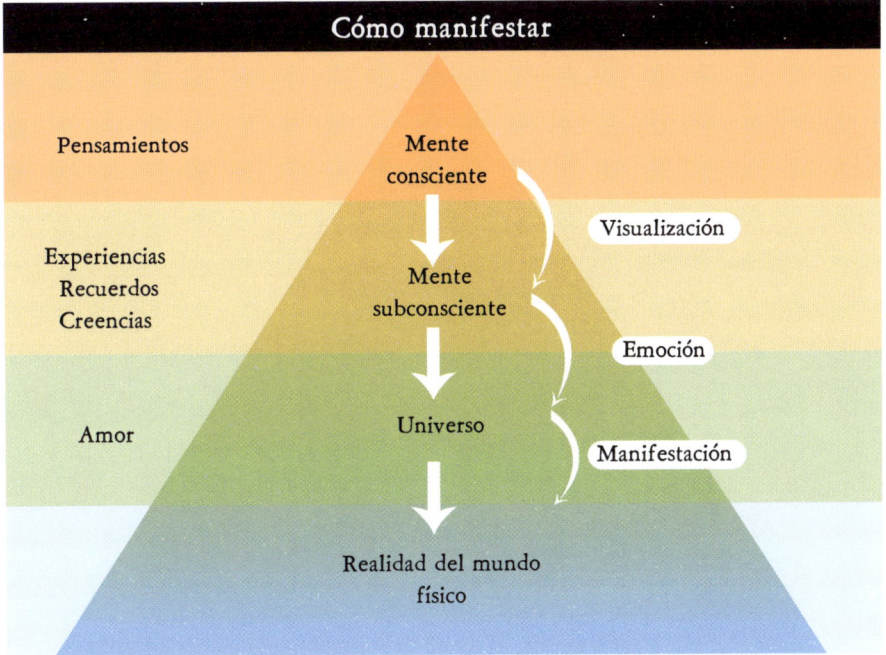

Intuición

Desde que era pequeña, mis padres me enseñaron a escuchar a mi intuición. Mi madre se refería a ella como mi instinto visceral. Cada vez que tenía que tomar una decisión importante, me preguntaba qué me decía mi instinto. Incluso mi padre, que es muy práctico y nada espiritual, cree que tenemos un sexto sentido. Me explicaba que el cerebro humano solo puede procesar hasta cierto punto, así que dependemos de la ayuda de nuestro sexto sentido. Si algo nos parece que no anda bien, es que es así, confíe siempre en su intuición. Aunque le preocupe que le haga parecer tonto, es mejor prevenir que curar.

Recuerdo cuando estaba en mi último año de universidad, sufriendo de gran ansiedad y estrés. Sentía que me estaba viniendo abajo y todo lo que quería era huir de mis problemas. Me senté en la cocina con mi madre y le pregunté si debería abandonar los estudios. En lugar de darme una charla sobre cómo estaba arruinando mi vida, me dijo que dejara de pensar y de preocuparme por lo que pensaran los demás, y que escuchara lo que me estaba diciendo mi instinto. Me dijo que me visualizara en diez años, mirando hacia atrás desde ese momento, y que sintiera lo que estaría sintiendo entonces. Una vez más me preguntó:

«¿Qué te está diciendo tu instinto?». Entonces, supe con absoluta certeza, que debía terminar el curso y graduarme. No era lo que yo quería escuchar, pero sabía que era para mi mayor bien.

Imagínese si todas las decisiones cruciales en la vida pudieran tomarse de una forma tan fácil. ¿Qué pasaría si la respuesta se nos diera claramente y todo lo que tuviéramos que hacer es pedirla? Lo bueno es que ¡la respuesta siempre *está* allí! Solo tiene que pedirla. Su intuición está disponible siempre que necesite orientación, en cualquier momento en que se sienta perdido, inseguro o temeroso. Siempre le conducirá al camino de su mayor bien. Yo he aprendido a escucharla y a confiar en ella, y nunca me ha fallado. Me ha mantenido a salvo avisándome de situaciones o personas dudosas, y me ha ayudado a avanzar hacia una vida plena y gozosa.

Imagine que conduce por una carretera rural, de noche, sin un farol a la vista. Sin faros, no podría ver a dónde va. Sería prácticamente imposible alcanzar el destino deseado. Incluso con los faros encendidos puede ser difícil ver a cierta distancia. En este caso, necesita las luces largas. Su intuición es como esas luces largas. Puede ver el panorama completo que sus sentidos humanos no son capaces de procesar. No tiene que usarla todo el rato, pero con toda seguridad le ayudará a llegar a su destino sin accidentes ni esfuerzos innecesarios.

En toda vida hay momentos cruciales en que una decisión puede llevarnos por un camino completamente diferente. Uno de los caminos parece el paso siguiente más lógico, pero algo en nuestro interior nos está empujando hacia otro camino diferente. Es su intuición que le está guiando. Una vez más, está usando las luces largas para iluminar el camino que sus sentidos humanos puede que ignoren.

Intuición contra ego

Su intuición es su conocimiento interior. No puede explicarlo, y puede que no parezca lógico, pero tiene un fuerte sentimiento acerca de algo. Algo le emociona, le inspira, aunque a otros les parezca absurdo.

La duda y las creencias limitadoras son lo opuesto. Se siente inseguro. El ego intenta encontrar la lógica. Si se encuentra cuestionando su intuición, sepa que es el ego esforzándose todo lo que puede para mantener la situación tal como está. Está utilizando experiencias pasadas para crear un posible escenario. La intuición puede ver más allá de su experiencia limitada. Ve todas las posibilidades y le guiará hacia el mejor resultado posible.

Su intuición también le mantendrá a salvo y alerta si se encuentra en una mala situación. Puede preguntarse en qué difiere esto del ego. El ego reaccionará con pánico o ansiedad y le dejará sintiéndose inseguro. Al igual que el yo superior es tranquilo, sereno y seguro, también lo es la intuición. Tendrá un profundo conocimiento interior de que algo va mal, mientras que el ego le dejará ansioso e inseguro.

Cuando trabajaba en ventas para una compañía de bebidas, gran parte de mis clientes eran bares, cafeterías y restaurantes. Un día recibí un mensaje de que abrían un nuevo bar y yo tenía que llevar los documentos al dueño para abrir una cuenta.

Reboso alegría.

Llegué al bar en pleno día. El dueño me saludó en la puerta y me invitó a entrar. Al momento me invadió una fuerte e inquietante sensación. Miré a mi alrededor y vi que no había nadie más. Estaba completamente sola con aquel hombre. Justo cuando me di cuenta de ello, el hombre cerró la puerta detrás de mí y se guardó la llave en el bolsillo. Mi intuición, con mucha calma pero con firmeza, me dijo: «Algo pasa. Mantén la calma. Sonríe y di que te has dejado los papeles en el coche y que vas a buscarlos». Se lo dije al hombre, que vaciló un segundo pero abrió la puerta y me dejó salir. Me dirigí rápidamente al coche, cerré las puertas y salí de allí a toda velocidad. No tengo forma de saber qué podría haber pasado si hubiera ignorado mi intuición y me hubiera quedado, pero mi intuición me dijo que estaba en peligro.

Si en ese momento hubiera estado conectada con mi ego, probablemente me hubiera asustado. No sé si habría sido capaz de inventar una excusa y salir tranquilamente del local. El ego probablemente hubiera dicho también que no había una razón lógica para temer a ese hombre. En apariencia, no parecía amenazador. El ego se hubiera mostrado inseguro y se hubiera preocupado de lo

que hubiera pensado el hombre si yo salía corriendo. ¿Qué pensaría mi empresa? ¿Me metería en problemas por dejar tirado a un cliente? ¿Y si ese hombre era inofensivo y acababa de perder una buena cuenta? ¿Ve la diferencia?

El ego se hace un lío. Está ansioso y va y viene, cuestionando la situación, intentando sopesar los pros y los contras lógicos. La intuición está absolutamente segura y decidida sobre lo que hay que hacer, permanece serena y se centra en ofrecer el mejor camino posible para salir de la mala situación. No deja lugar a preguntas ni a dudas.

La apertura del tercer ojo

Si alguna vez se cuestiona si un pensamiento o sensación es su intuición o una simple duda, tiene que familiarizarse con su intuición. Y si cree que tiene tendencia a pensar demasiado en las cosas, o si ha tenido antes problemas para conectar con su yo superior, podría deberse a que su tercer ojo está cerrado.

El tercer ojo es el portal hacia una intuición agudizada. Está situado justo encima y entre los ojos. También se conoce como la glándula pineal, donde se reúnen la mente, el cuerpo y el alma. Recoge información más allá de lo que la mente consciente es capaz de procesar. Todos estamos interconectados como parte de la conciencia colectiva. Cuando tiene una sensación o sentimiento sobre algo que todavía no puede explicar, es su intuición conectando con el conocimiento de la conciencia colectiva. La manifestación precisa todas las partes de la conciencia, razón por la cual es importante que conecte con su intuición y que confíe en que ella la guiará por la vida. La investigación ha demostrado que meditar concentrándose en la zona del tercer ojo activa la glándula pineal, despertando el tercer ojo y aumentando su intuición.

Meditación visual para abrir el tercer ojo

Esta meditación le permitirá abrir el tercer ojo y conectar con su intuición.

1. Siéntese y empiece tomando unas respiraciones profundas. Relájese a medida que respira. Si siente alguna ansiedad, siga concentrándose en la respiración hasta estar en un estado de relajación.
2. Una vez relajado, lleve su atención a la zona del tercer ojo, por encima y entre los ojos físicos. Imagínese una hermosa luz dorada entrando por su tercer ojo. Este es el portal de la intuición.
3. Visualícese cruzando este portal hacia su realidad deseada. Siempre que se sienta alejado de su intuición, o poniéndola en duda, haga esta meditación visual para volver a conectar con ella.

De hecho, existen numerosas maneras de abrir el tercer ojo, y aunque la meditación y la visualización son increíblemente eficaces, en la página siguiente encontrará otras formas para despertar su perspicacia e intuición. Practique una de ellas un mínimo de diez minutos al día, de forma regular.

Cantos y salmodias. Entonar cantos o salmodias es una buena forma de estar en contacto consigo mismo mediante el sonido y el ritmo. Empiece pronunciando la palabra «Om» siguiendo el ritmo natural de su respiración. Concéntrese únicamente en el sonido y las vibraciones que está produciendo. Se ha demostrado que este tipo de canto alivia la ansiedad, aumenta la sensación de positividad y la satisfacción con las interacciones sociales.

Plegaria. La plegaria es una elección personal. Tanto si le reza a dios, a la fuente, a la naturaleza o al universo, la plegaria es una forma de comunicarse con lo divino. Cuando alguien afirma que rezó por un milagro y este se cumplió, le estaba comunicando a la fuente lo que necesitaba y manifestando el resultado deseado.

Aceites esenciales y esencias florales. De modo similar a los cristales, puede emplear estos derivados de plantas para ayudarle a abrir el tercer ojo. El incienso y el aceite de mejorana se han usado desde hace siglos para abrir el tercer ojo, se dice que ayudan a la concentración y la visualización, y limpian y equilibran la mente.

✳ ✳ ✳

4

SANAR CON INTENCIÓN

¿Qué quiere este año? ¿En cinco años? ¿En diez años? ¿Cuándo fue la última vez que pensó en ello con detalle? ¿Cuál fue el último gran propósito que se marcó? Por desgracia, muchísimas personas renunciaron hace tiempo a sus esperanzas y sueños. Arrojaron la toalla y se conformaron con la mediocridad en todos los ámbitos de su vida. Ahora pasan sus días con el piloto automático puesto. Esos días rápidamente se convierten en meses. Los meses en años, y casi sin saber cómo, han pasado décadas. La buena noticia es que, si está leyendo este libro, probablemente no es una de esas personas. Es usted quien lleva las riendas de su vida, listo para asumir el control y manifestar sus sueños más descabellados. Nunca es demasiado tarde para perseguir un sueño, marcarse un nuevo objetivo o cambiar de camino. Un estudio de la Harvard Business School descubrió que el ochenta y tres por ciento de las personas no se fijan metas, y que aquellos que sí lo hacen tienen diez veces más probabilidades de tener éxito. Esto demuestra que la gran mayoría de las personas se están perdiendo el primer elemento de la ley de la atracción, que es tener claro lo que se quiere. ¿Cómo puede el universo entregarle algo que nunca pide?

Siempre que alguien acude a mí y me dice que tiene problemas para manifestar, empiezo por preguntarle qué quiere. Casi siempre recibo una de estas respuestas:

- ★ Quiero más dinero.
- ★ Quiero abundancia.
- ★ Quiero una relación perfecta.
- ★ Quiero mi casa soñada.
- ★ Quiero un trabajo mejor.

Entonces, sigo preguntando que significa eso para ellos. ¿Tener más dinero significa que quiere 1000 dólares más, o un millón? ¿Qué aspecto tiene su casa soñada? Descríbame los detalles. ¿Qué tipo de profesión quiere?

La mayor parte de las veces las respuestas son confusas o la persona se queda asombrada y ella misma se da cuenta de que el problema no es que no pueda manifestar lo que quiere. El problema es que no sabe lo que quiere. Todo el mundo cree saberlo, pero cuando les preguntas por los detalles, la cosa se pone difícil. Las personas tienden a ser indecisas. En un momento dado quieren una casa en la playa en Florida, y al siguiente una cabaña en las montañas de Colorado. A la mente le gusta saltar de una cosa a otra. Tiene problemas para mantener una imagen fija y ver los detalles, por lo que nos quedamos con una idea vaga de lo que queremos. Esto dista mucho de verlo todo bien claro, y por tanto resulta casi imposible de visualizar.

Sea claro y concreto

Cuando trabajo para establecer una meta, me gusta hacer ver que estoy pasando un pedido al universo, como si fuera Amazon. Imagínese buscando un libro en Amazon escribiendo «libro» en el recuadro de búsqueda. ¡Tendría millones entre los que elegir! Aunque escribiera «libro de no ficción», o «libro sobre manifestación», seguiría habiendo centenares, tal vez miles de resulta-

dos entre los que buscar, y puede que nunca encontrara ese libro. Desde luego tardaría muchísimo más y sería mucho más difícil que simplemente escribiendo «confiar en el universo» en el recuadro de búsqueda. Así de específico debería ser al pasar su pedido al universo. Si estuviera buscando su meta en Internet, debería ser lo suficiente clara para que apareciera en los primeros puestos de la lista de resultados.

Al visualizar lo que quiere manifestar, use los cinco sentidos para dibujar una imagen clara en su mente. Imagine esa realidad. ¿Qué ve? ¿Quién está

Los cinco sentidos

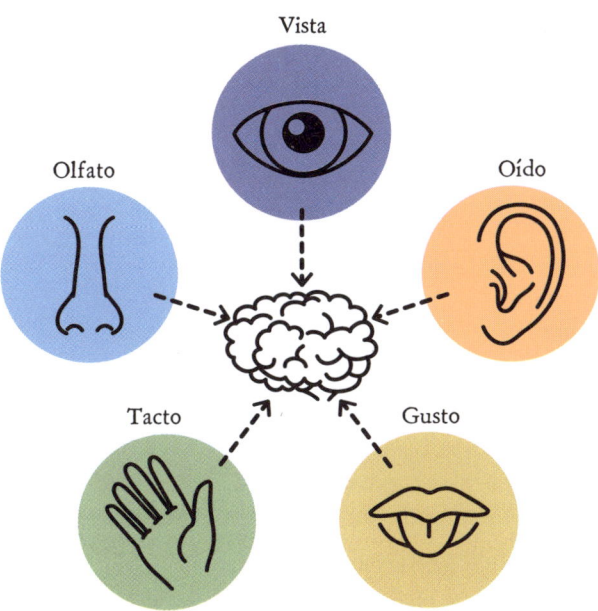

con usted? ¿Cómo se siente¿ ¿Qué huele, saborea o toca? Imagine una película mental y, lo más importante, contacte con los sentimientos que experimenta en este momento preciso. Eso es lo que le ayudará a sintonizar con la frecuencia de aquello que quiere.

Atraigo riqueza y abundancia con cada respiración que tomo.

Concéntrese en lo que quiere

Veámoslo ahora desde un punto de vista científico. El ser humano tiene lo que se denomina sistema reticular activador ascendente, o SRAA, que es el filtro con el que nuestro cerebro procesa la abrumadora cantidad de estímulos a los que nos vemos expuestos cada día. Procesa todo aquello que consideramos importante y descarta el resto. Es por eso que cuando compra algo, como un coche, o habla de algo, de repente empieza a ver ese coche por todas partes y oye hablar de ese tema en concreto: el cerebro lo ha etiquetado como asunto importante y ahora lo está procesando para usted cada vez que lo detecta en su entorno.

Lo mismo ocurre con las oportunidades, conocer a la gente apropiada y encontrar ofertas y recursos adecuados. Está constantemente rodeado por una abundancia de oportunidades, pero si no se concentra en sus deseos y objetivos, su cerebro descartará la oportunidad correspondiente. Si se centra en lo peor que puede pasar o teme que sus sueños no vayan a cumplirse, su SRAA procesará los estímulos que correspondan a esos temores. Puede que haya oído decir que aquello en lo que se concentra se expande, y esa es la explicación científica de por qué eso es verdad. Si busca proble-

Sugerencia

•••••◆••◆•••◆•••

Practique tomar conciencia de lo que piensa, siente, habla y hace la mayor parte del tiempo. Ser consciente de ello le permitirá ajustar y replantear cualquier cosa que no sirva a su mayor bien.

mas, los encontrará. Si busca excusas, las encontrará. Si busca el éxito, este se dirigirá hacia usted. Esté atento a aquello en lo que se concentra la mayor parte del tiempo, y recuérdese a sí mismo que este es el mensaje que está enviando a su SRAA, y lo que se manifestará en su vida.

Cuando empiece a cambiar su enfoque de lo negativo a lo positivo, o de la escasez a la abundancia, comenzará a ver oportunidades más positivas y abundantes que se manifiestan para usted. No es que antes no existieran. Siempre estuvieron allí, solo que ahora se está haciendo consciente de ellas. El SRAA se las está sirviendo en bandeja de plata, pero depende de usted concentrarse en lo que quiere en lugar de en lo que no quiere.

No hay límites

¡La clave es pasarlo bien con este proceso! No hay reglas. No hay límites. Las únicas limitaciones que existen son las que su mente concibe. Es usted quien marca los límites de lo que es posible. Permítase soñar a lo grande. Va a manifestar de todos modos, así que céntrese en manifestar la mejor versión de su vida.

He descubierto que la mejor manera de visualizar lo que uno quiere es situarse en el escenario de tenerlo ya. Una cosa que mi marido y yo hacemos es ir a lugares que representan nuestros objetivos del siguiente nivel. Reservamos una habitación en un hotel de cinco estrellas, compramos billetes para una excursión en un yate de tres pisos, o simplemente nos tomamos una copa en un restaurante de lujo. La idea es situarnos en el escenario del siguiente nivel que queremos manifestar.

Siempre supe que, una vez tuviera dinero, me compraría un bolso de Louis Vuitton. A algunas personas les gustan los zapatos o los coches caros. Mi deseo más extravagante son los bolsos de diseñadores de lujo. Cada vez que pasaba por una tienda de Louis Vuitton, entraba e imaginaba que me compraba mi lujoso bolso soñado.

Al principio me sentía muy incómoda. Me sentía un fraude. Sentía que no pertenecía y que todos los vendedores sabían que no podía permitirme comprar uno de sus bolsos. Pero ocurrieron dos cosas después de seguir situándome en este escenario. En primer lugar, me ayudó a tener muy claro lo que quería. Ver cómo me iba el bolso, sentirlo, y la experiencia de estar en esa tienda de lujo era muy diferente a imaginarlo en mi cabeza. En segundo lugar, cuantas más veces entraba en la tienda, más cómoda me sentía y más entraba en esa versión de mí misma, del siguiente nivel, que ya poseía el bolso.

Si sabe que quiere un coche nuevo, pero no sabe de qué tipo, acuda a algunos concesionarios y haga unas pruebas. Siéntese en el coche. Sienta las manos en el volante, huela el olor a nuevo del interior del automóvil, escuche el sonido del

motor al ponerlo en marcha. Sea lo que sea lo que quiere, permítase la experiencia de tenerlo. Por ejemplo:

- ★ Camine por una casa modelo.
- ★ Pruébese los zapatos.
- ★ Tome una copa en el bar de un hotel de cinco estrellas.
- ★ Mire los escaparates de las tiendas de lujo.

Diviértase con ello. Imagínese que está ojeando el catálogo del universo. Elija lo que quiera. Pruébelo durante un día y vea cómo se siente.

Fe inquebrantable

Fe inquebrantable significa mantener la confianza incluso después de que algo no se manifieste. Para creer plenamente en que se manifestará, primero debe estar absolutamente convencido de que es una posibilidad, de otro modo no emprenderá la acción necesaria para que se cumpla. Puede hacerlo visualizando el resultado. Cierre los ojos e imagine que lo que quiere ya ha sucedido, y que le cuenta a su amigo lo ilusionado que está porque se ha manifestado. Háblele de los tres obstáculos que tuvo que vencer para que ocurriera. De este modo está venciendo las creencias limitadoras que tiene con respecto a ese deseo. Este sencillo ejercicio hará que su subconsciente vea la meta como ya alcanzada, así que ya no dudará de si es posible o no, y las creencias limitadoras ya no importarán. El subconsciente no conoce la diferencia entre realidad y fantasía, motivo por el cual esto resulta tan eficaz. Pensando que ya ha hecho que algo suceda, su subconsciente dejará de intentar resistirse y creerá plenamente que es una probabilidad.

Todo lo que necesito está en mi interior.

Establecer su intención

Regálese una rápida victoria. Si se está iniciando en la manifestación, le sugiero que empiece por algo pequeño que quiera manifestar esta semana. Puede ser una taza de café, un billete de diez dólares o cualquier cosa que sea lo suficientemente irrelevante para que crea plenamente en que la puede manifestar. Empezar por algo pequeño le ayudará a ejercitar la musculatura de manifestar y a creer en el proceso. A partir de allí puede pasar a mayores objetivos y continuar comprobando que el proceso de manifestación funciona.

Una vez tenga muy claro lo que quiere, pasará a establecer una intención y encargará el pedido al universo. Cuando transmito mi deseo al universo, creo firmemente en escribirlo en un papel. Me gusta pensar en ello como redactando un contrato con el universo. Es una declaración de lo que quiero. Escribirlo hace que lo sienta real y hace que mi mente deje de dar vueltas. Ya he tomado mi decisión. Esto es lo que quiero.

Querido universo:

Paso mi pedido de (inserte la intención). Estoy abierto a recibir orientación para crear contigo mi realidad. Tengo una fe inquebrantable en que me guiarás por el camino de la menor resistencia. Confío plenamente en el proceso y te paso el control.
¡Gracias, gracias, gracias!

Sanar heridas del pasado

¿Quiere estar exactamente en el mismo lugar que está ahora el año que viene? Si la respuesta es no, entonces debe sanar viejas heridas y seguir adelante con intención para poder manifestar mejor.

Existen numerosas enseñanzas sobre la ley de la atracción que se centran en la idea general de pedir, creer y recibir, pero no ahondan en el trabajo interior que primero hay que realizar. Cuando una persona tiene dificultad en manifestar, suele ser a causa de un conflicto interior no resuelto y sentimientos reprimidos junto con creencias limitadoras. Hasta que estos conflictos interiores no se resuelven, tienden a sabotearle.

A medida que nos adentramos en el trabajo interior, es importante saber que todo, incluyendo las experiencias negativas, nos enseña algo. Esto puede ser algo bueno porque ayuda a clarificar lo que no queremos y lo que ya no toleraremos. Las experiencias negativas pueden motivarle y capacitarle para elegir mejor y crear con intención su nueva realidad.

Es importante aprender de todas las experiencias, pero debe sanar el pasado para seguir adelante y manifestar mejor. Aferrarse al pasado y revivir sus peores momentos solo atraerá más experiencias similares. Si sigue avanzando con intenciones claras, no hay límite a lo que puede manifestar.

Perdonar

¿Tiende a guardar rencor a los que le han hecho daño? El perdón no trata sobre ellos. Trata sobre usted. Mi perspectiva en cuanto al perdón cambió cuando escuché esta cita, a veces atribuida al Buda: «Aferrarse a la ira es como agarrar una brasa encendida con intención de lanzársela a alguien; es usted el que se quema».

Mi marido era amigo de mi hermano. Cuando mi marido y yo empezamos a salir, a mi hermano no le gustó y dejó de hablarnos. Durante años dejé que eso me volviera loca. Me sentía tan herida que cada vez que surgía el nombre de mi hermano, me invadía la rabia y la frustración. Llegó un punto en que dejé de ir a las grandes reuniones familiares si sabía que él iba a estar allí. Por fin me di cuenta de que aferrándome a esta rabia mi alma sufría. Estaba cansada de sentir tristeza y rabia.

Nunca olvidaré el día en que decidí perdonarle. Declaré al universo que ya no dejaría que eso me afectara. Le envié buenos pensamientos, le deseé paz y corté el cordón energético. Sentí que me quitaba un enorme peso de encima. Después de eso, mis sentimientos hacia él y la situación fueron neutrales. Ya no arruinaba las reuniones familiares ni me hacía sentir incómoda. No cambió la situación ni reparó nuestra relación, pero estaba en paz. Por fin podía soltar los sentimientos negativos que me había causado y seguir adelante.

Lo que he llegado a saber es que aferrarse al rencor es una carga muy pesada de llevar. Una idea errónea sobre el perdón es que la otra persona se sale de rositas o que el asunto se esconde debajo de la alfombra. Lo cierto es que el perdón tiene muy poco que ver con la otra persona. Trata de darse a uno mismo la libertad de sanar y liberarse del poder que esa persona tiene sobre usted. Pensar en el pasado solo sirve para robarle la paz y la capacidad de seguir adelante hacia cosas mejores. Lo que no suelta seguirá apareciendo en su vida. Igual que el rencor atrae más negatividad, también lo hace el deseo de venganza. Es importante comprender que no puede utilizar la ley de la atracción para hacer daño a otros ni cambiar su realidad. Usted es responsable de crear su propia realidad, y solo la suya. Recuerde, cualquier energía que transmite vuelve a usted.

Si sigue pensando en las experiencias negativas, está atrayendo otras del mismo tipo hacia su vida. Para romper el círculo vicioso, debe perdonar y soltar. Perdónese a sí mismo por llevar esta pesada carga de heridas pasadas. Soltar la rabia, el resentimiento y la amargura liberarán espacio para que llegue el amor y este le recomponga. Elevará su vibración y se abrirá a recibir amor y abundancia.

Práctica del perdón

Una poderosa práctica hawaiana llamada «ho'oponopono» le ayudará a sanar viejas heridas mediante el perdón, para que vuelva a ser completo. Tómese un momento para aquietar la mente, sitúese en el corazón poniendo las manos sobre esta zona y visualice a las personas que está perdonando como si estuvieran frente a usted. Dígales: «Lo siento; por favor, perdóname; gracias; te quiero».

Ho'oponopono • Mantra• Cuatro pasos

1. Lo siento

2. Por favor, perdóname

3. Gracias

4. Te quiero

Decir «lo siento» y «por favor, perdóname» le ayudará a soltar cualquier culpa o vergüenza que todavía lleve encima por la parte que usted desempeñó en la situación. Podría estar diciendo lo siento a otra persona o a usted mismo por aferrarse a esos pensamientos tan pesados. «Gracias» es mostrar gratitud por las lecciones que conllevó la experiencia. Toda experiencia, incluso las negativas, nos enseña algo y contribuye a su crecimiento espiritual y comprensión.

El amor es la vibración más elevada. El amor propio y enviar amor a otros, aun a aquellos que le han hecho daño, son potentes formas de elevar su vibración, dejar el pasado en el pasado, y seguir adelante de una forma tranquila que le haga sentir bien. Al perdonar a la persona, ahora libera esta vieja herida y puede seguir adelante con amor y serenidad. Repita esta práctica todas las veces que sean necesarias, hasta que sienta que la carga ya se ha soltado y que se puede liberar del poder que eso tenía sobre usted.

Soltar viejas relaciones

Una de las heridas del pasado con mayor carga emocional tiene que ver con anteriores relaciones románticas. Cuando una relación termina, suele remover un montón de emociones intensas y negativas que son como una poderosa carga eléctrica. Esto puede hacer descender su vibración de una forma drástica. Concentrarse en lo que fue mal y volver a vivirlo en su cabeza le convierte en un imán para situaciones similares. Si quiere liberarse de ese patrón nocivo, es hora de soltar los malos sentimientos y dejar el pasado donde pertenece: en el pasado. Al hacerlo, no está diciendo que su pareja no tuviera nada que ver con ello. No está diciendo que lo que hizo estuvo bien. Simplemente se está liberando usted del poder que todavía tiene sobre usted, para poder seguir adelante y manifestar mejor.

Mi energía crea mi realidad.

Meditación para sanar heridas del pasado

Me perdono a mí y a los demás por cualquier herida del pasado. Libero el poder que tienen sobre mí y vuelvo a mi estado natural de amor. Sigo adelante con intención y claridad. No soy más víctima de las circunstancias. Soy el creador de mi propia realidad. Elijo activar la coherencia de mi corazón y acceder a mi poder superior.

Tratar con la energía tóxica

Estoy segura de que puede pensar inmediatamente en al menos una persona con energía tóxica. Es aquella que le deja agotado en lugar de dinamizado, que siempre se está quejando y viendo el lado negativo de todo. Incluso puede que le humille, que se ría de usted o practique algún tipo de abuso mental o emocional.

Es fácil decir que eliminará a esa persona de su vida. Pero ¿qué pasa si es un familiar, un compañero de trabajo o un amigo de hace tiempo que es imposible dejar de ver? Yo tengo una forma sencilla de tratar con personas tóxicas. Mantenga las cosas breves, simples y superficiales. No hay ninguna regla que diga que tenga que contar su vida a todo el mundo. Si sabe que alguien no le apoya o tiende a sacar a relucir lo negativo, no le cuente nada, no comparta sus sueños y objetos con él o ella. Limítese a temas superficiales. Si la conversación toma un giro negativo, halle la manera de irse. Si se va cada vez que una persona tóxica se pone negativa, le está demostrando que no tolerará la negatividad. Al final, renunciará y se irá a molestar a otro. Enseñamos a las personas cómo queremos ser tratados mediante aquello que les permitimos.

Yendo un paso más allá, ¿qué pasaría si en lugar de dejar que ellos dominen la energía y conviertan las cosas en negativas, usted las hiciera positivas? ¿Ha estado alguna vez con personas que siempre sonríen y se ríen? Cuando está con ellas, no puede evitar sonreír y sentirse bien. ¡Usted puede ser esa persona! Cuando su vibración es elevada, pasa una de estas dos cosas: la gente de vibración baja se retira de forma natural, o su vibración eleva la suya y les deja sintiéndose bien y optimistas. Recuerde, el amor es la vibración más elevada, y usted puede expresarlo en una simple conversación. «¡Me encanta tu vestido!, ¡Me encanta esta comida! ¡Me encanta que tengamos la oportunidad de pasar un rato juntos!» Parece sencillo porque lo es. Concéntrese en lo bueno y atraerá lo bueno de los demás.

Esto es lo esencial: las personas que viven lo mejor que pueden y que sostienen una vibración elevada no intentarán hacerle sentir mal. Son las personas que están heridas, estancadas en sentirse víctimas y con una vibración baja las que sienten la necesidad de atacar a otras. Su positividad les hace sentir incómodas porque se encuentran mal y todavía no están listas para cambiar. Cuando lo contempla de esta manera, es más fácil observarles desde la empatía y la compasión, enviarles vibraciones de sanación y seguir con lo suyo.

Como dice Jim Roth, el conferenciante motivacional: «Eres la media de las cinco personas con las que pasas más tiempo». Reflejamos a quienes tenemos en nuestro entorno. Es entonces cuando las neuronas espejo se activan en nuestro cerebro. Es por ello que bostezamos cuando vemos bostezar a alguien. Empezará a captar el lenguaje, los manerismos, las actitudes y las creencias de las personas con las que más tiempo pasa. Si está con personas que siempre se quejan y cotillean, es probable que usted se convierta en un quejica y un cotilla. Si está con personas centradas en la superación personal, es probable que usted también se interese por ello.

Escriba las siguientes preguntas en su diario para tener más perspectiva sobre su círculo interior:

- ★ ¿Con quién pasa más tiempo?

- ★ ¿Quién está en su círculo íntimo?

- ★ ¿Apoyan sus sueños o los contradicen?

- ★ ¿Son sus objetivos similares a los suyos?

- ★ ¿Le están frenando o le hacen sentir mal o avergonzado por aspirar a lo más alto?

- ★ ¿Le dejan con energía o agotado?

Si descubre que su círculo de personas no satisface sus necesidades, manifieste un círculo de amigos que le apoye. ¿Qué tipos de personas le inspiran? ¿De qué manera le gustaría que le apoyaran? ¿Qué objetivos e intereses le gustaría compartir?

Cortar el cordón energético

Otra práctica eficaz que puede probar al acabar el día, o en cualquier momento en que sienta que alguien le está chupando la energía, es cortar el cordón energético. Los cordones energéticos se crean entre usted y las personas con las que tiene contacto. Fluyen entre sus campos energéticos, transfiriendo energía emocional.

Siéntese y céntrese en su respiración. Vaya a su interior y pregúntese si hay alguien con un cordón energético conectado a usted que podría estar dejándole agotado, negativo o simplemente mal. Visualice este cordón yendo de su campo energético al suyo. Ahora imagine un par de tijeras que lo cortan y le liberan de su energía. Ya está. Puede hacerlo con la frecuencia que necesite. Al principio tendrá muchos cordones que cortar si se inicia en esta práctica. Le recomiendo que lo haga diariamente antes de acostarse, para liberarse de las personas con las que se haya relacionado durante el día.

El poder del ritual

Aunque en general se admite que la visualización resulta extremadamente eficaz para cortar cordones, existen otras formas de hacerlo. Los rituales son importantes para ayudar a centrarnos en el momento presente y entrar en un estado meditativo propicio para la revelación y la iluminación. Un ejemplo de ello es un ritual con velas.

1. Elija una vela de un color que le tranquilice.
2. Corte un trozo de cordel para atar a la vela.
3. Ate el cordón alrededor de la vela. Mientras, puede entonar el canto o plegaria de los que hablamos en el capítulo anterior; recítelos mientras lo hace.
4. Ponga la vela sobre una superficie ignífuga y enciéndala mientras sigue cantando o rezando.
5. Deje arder la vela hasta que llegue al cordel y entonces córtelo y apague la llama.

Esta es una práctica simbólica que le hará sentir de forma táctil el hecho de cortar el cordón, más que una visualización. Para algunos, la representación de cortar el cordón les ayuda a grabarlo en su mente y a pasar el concepto a la acción. Lo importante es que use el método que más le atraiga, así que no tema ser creativo e imaginar sus propios rituales.

Reboso felicidad y gratitud.

✳ ✳ ✳

5

MANIFESTAR CON EL CORAZÓN ABIERTO

La excusa número uno que dan las personas para no hacer cambios positivos duraderos en su vida es que no tienen tiempo. ¿Se ha descubierto a sí mismo diciendo alguna vez: «Haría ejercicio, pero no tengo tiempo», o «me encantaría empezar a meditar, pero no tengo tiempo»? ¿Qué pasaría si le dijera que una vida más allá de sus sueños más extravagantes es posible si simplemente le dedica quince minutos al día? ¿Sería capaz de encontrar ese tiempo? El tema realmente no es el tiempo. Es que no priorizamos nuestro tiempo. Dedicamos gran parte del mismo a tareas sin sentido. Piense en cuántos minutos al día pasa viendo la televisión, consultando correos electrónicos o las redes sociales, o hablando con amigos y compañeros de trabajo que cotillean o se quejan. Dedicamos la mayor parte de nuestro tiempo al trabajo, y sin embargo no queremos reservar quince minutos de nuestro día a nuestros objetivos más importantes. Lo estamos haciendo al revés. Hay tiempo suficiente cuando cambiamos el enfoque de las cosas, de las que nos minan la energía a aquellas que alimentan el alma.

Yo me solía despertar cada mañana con el sonido del despertador, que me llevaba de mi fantástico mundo onírico a un estado de temor, pensando en el día que me esperaba. Solía pararlo, pero me despertaba diez minutos después en un estado de pánico, sabiendo que tendría que darme prisa para recuperar ese tiempo. Me apresuraba por la casa con los preparativos, para mi hija y para mí, para llegar a la escuela y al trabajo a tiempo. Me ponía nerviosa y de mal humor.

Mientras conducía a través del tráfico de la mañana, mi ansiedad iba en aumento con las palabras de mi primer jefe dando vueltas por mi cabeza: «Si llegas pronto, llegas a tiempo. Si llegas a tiempo, llegas tarde. Si llegas tarde, no te molestes en volver».

Esta agitada rutina continuó durante más de una década. El estrés y la ansiedad me estaban pasando factura. Desesperada por encontrar el equilibrio en mi vida, empecé a investigar hábitos positivos para combatir el estrés y la ansiedad. Empecé a aprender sobre meditación y la investigación científica que demostraba sus poderosos efectos a la hora de tratar el estrés, la ansiedad y una variedad de temas de salud.

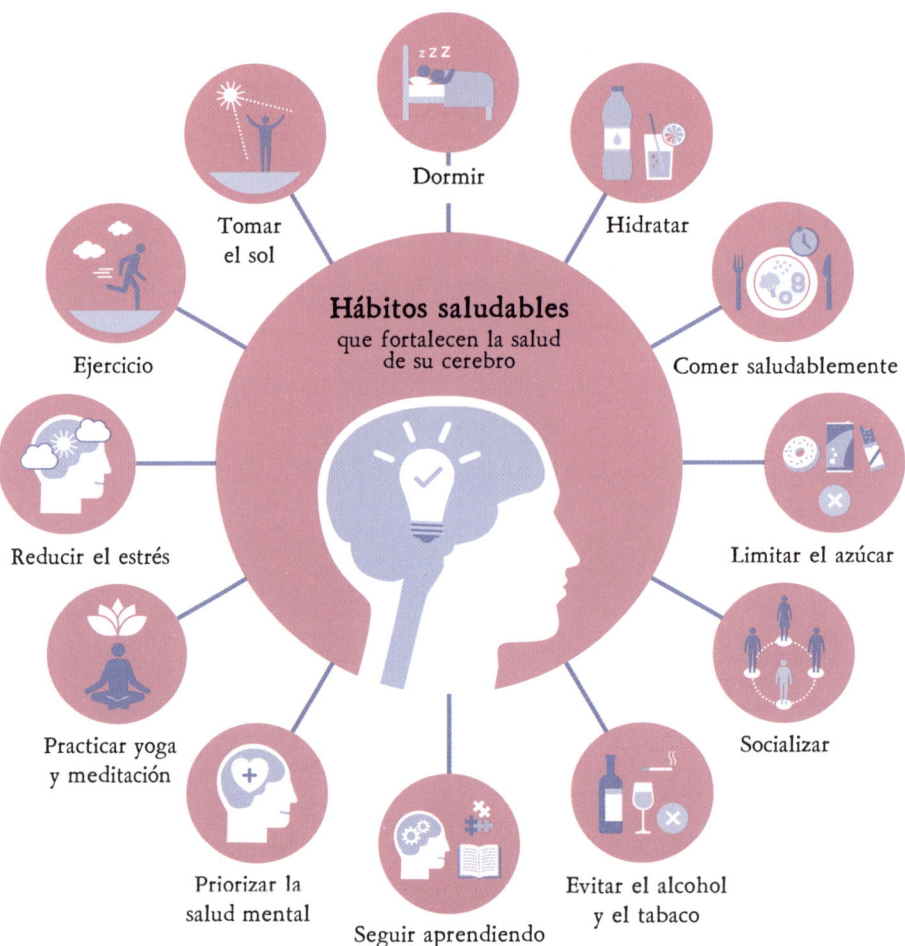

Leí que meditar solo tres minutos al día aliviaba el estrés, así que empecé a hacerlo durante la pausa para el almuerzo. Por lo general, volvía al trabajo medio atontada después de comer y necesitaba un café para acabar la jornada. Desde que empecé a meditar, me sentí centrada y revitalizada. Era como el equivalente de tomar una buena siesta y despertarse sintiéndose refrescado. Era como si todas mis preguntas fueran contestadas con claridad. Fue entonces cuando me di cuenta de que meditar me devolvía el tiempo. Me permitía conectar con esa sabiduría interior y estado de flujo creativo, haciendo que el resto de la jornada de trabajo no me supusiera ningún esfuerzo. En lugar de trabajar sin pensar, lo hacía de forma creativa, con precisión y concentración. Me di cuenta de que una idea brillante que se me ocurrió durante una meditación podría ahorrarme años de tiempo perdido si permanecía en una situación que no concordaba con mi propósito.

Empiece bien el día

Mientras proseguía con mi camino de crecimiento, me di cuenta de que el modo en que empezaba el día afectaba de forma negativa a mi mentalidad por la mañana, y eso afectaba al día entero. Empecé a poner el despertador diez minutos antes y utilicé esos diez minutos para concentrarme en mi bienestar.

Esto tuvo tal efecto sobre cómo pensaba y me sentía, que empecé a investigar los hábitos matutinos más eficaces. Tras haber adoptado una nueva rutina por las mañanas, empecé a despertarme llena de entusiasmo y alegría. Cambió mi perspectiva para el día y la semana laboral y, con el tiempo, para mi vida entera.

Esto es lo que incorporé a mis mañanas. Ponga a prueba cada uno de los métodos y vea cuál le funciona mejor. Siéntase libre de hacerlos suyos. No existe una forma correcta de crear una rutina matutina. Cada persona tiene la suya; confíe en la que se ajuste mejor a usted. Recuerde que las dos primeras semanas pueden costarle un esfuerzo mientras se acostumbra, así que empiece poco a poco y dese un tiempo antes de decidir si algo le conviene o no.

Movimiento Empiece la mañana levantándose de la cama y haciendo cinco minutos de estiramientos o yoga. Deje que la sangre circule para despertar el cuerpo y establezca una intención para el día. El movimiento le ayuda a dejar de pensar y situarse en el corazón. Remueve la energía estancada y deja fluir las ideas creativas.

Estar alerta Para salir de un estado de aturdimiento, cepíllese los dientes, lávese la cara o dúchese, y beba un vaso de agua.

Meditación y visualización Tómese al menos dos minutos por la mañana y dos por la noche para visualizar su gran sueño, sintiendo todas las sensaciones de tenerlo ahora. Es asombroso lo potente que resulta esta práctica de dos minutos.

Gratitud Exprese gratitud todas las mañanas. La gratitud se encuentra en el corazón de la ley de la atracción. Es la forma más fácil y rápida de entrar en un estado vibratorio elevado. Si quiere atraer cosas más positivas a su vida, debe estar agradecido por lo que ya tiene.

Salir al exterior Estar en armonía con la naturaleza le conecta con su yo superior y se siente conectado con todo lo que es. En lugar de hacer, simplemente sea. Vaya más despacio y entre en su corazón. Aquí es donde eliminará todo lo innecesario y contactará con su intuición.

Mover la energía

Aunque es importante inclinar la balanza hacia el lado positivo, sigue siendo humano y experimentará la amplia gama de emociones humanas, tanto buenas como malas. No es posible ser positivo todo el tiempo. Esto es algo que los círculos espirituales y las redes sociales promueven a menudo, pero puede ser perjudicial porque hace que la gente entierre las emociones en lugar de procesarlas. También puede llevarle a sentir culpa o vergüenza por experimentar rabia, frustración o tristeza. Nadie está exento de estas emociones. Es importar que se permita sentir lo que siente, y liberar los sentimientos en lugar de reprimirlos y dejar que se acumulen en su interior. Estas son algunas maneras de liberar estas emociones.

Desahogarse Expresar verbalmente aquello que le molesta resulta muy terapéutico. Hablar de sus frustraciones con un terapeuta, consejero o amigo de confianza le ayuda a superar esas emociones y a poder seguir adelante con claridad. Si se desahoga con un amigo, asegúrese de que esté dispuesto y sea capaz de escucharle, para no dejarle sin energía.

Movimiento Cuando se siente deprimido, lo último que probablemente desea hacer es levantarse y moverse, pero hacer circular la energía corporal es una forma muy rápida y eficaz de liberar emociones reprimidas y elevar su vibración. Hacer ejercicio, bailar o incluso dar un paseo liberará esa energía negativa y le dejará como nuevo.

Sugerencia

---***◆◆◆***---

Empiece poniendo su despertador diez minutos antes y escoja una práctica para integrarla a su rutina matutina.

Prácticas positivas para elevar su vibración

Las siguientes sugerencias le ayudarán a inclinar la balanza hacia el lado positivo cuando sea necesario.

Sonreír ¿Sabía que sonreír libera hormonas del bienestar en el cuerpo? Aunque sea una sonrisa forzada, funciona. Sonreír es contagioso. Póngalo a prueba. Fíjese en alguien que parezca tener un mal día y sonríale. Le garantizo que le devolverá la sonrisa, ¡y esa sonrisa probablemente le cambiará el día!

Actos aleatorios de bondad Obtendrá el mismo placer dando como recibiendo. Ya sea pagándole el almuerzo a alguien, sosteniendo la puerta para que pase, o dejar un poco de dinero para que alguien lo encuentre, todas esas acciones marcan una diferencia. Estos pequeños actos producen un efecto dominó que se extiende mucho más allá de lo que pueda imaginar.

Risa Como dicen, la risa es la mejor medicina. Es imposible no sentirse bien después de reírse. Vea una película divertida y relájese. No se preocupe por las minucias. Ríase de ellas.

Tenemos a nuestra disposición montones de herramientas, sencillas pero poderosas, para sentirnos bien. Es asombroso que tantas personas se queden estancadas en una mentalidad negativa o como mucho en la mediocridad. ¿Por qué solo ir tirando cuando se puede sentir de maravilla? Recuerde, sus sentimientos predominantes determinan su vibración. Cuanto mejor se sienta, más elevada será su vibración. Empiece por pensar en qué le deja sintiéndose con esa vibración e intente incorporarlo a su vida diaria con mayor frecuencia.

Reboso bienestar y vitalidad.

Convierta la manifestación en un hábito

Nuestro subconsciente controla la película la mayor parte del tiempo. Es por ello que es tan difícil formar nuevos hábitos o abandonar los viejos. También es la razón por la que las personas leen un libro de autoayuda y sienten ilusión por cambiar su vida, pero al cabo de dos días vuelven a su rutina anterior sin haber avanzado casi nada. Estas son algunas prácticas que le ayudarán a integrar la manifestación con intención a su vida cotidiana:

★ Cuestióneselo todo. Esto le ayudará a hacerse consciente de sus creencias limitadoras y de cualquier cosa que subconscientemente le esté frenando.

★ Compruebe sus pensamientos y sentimientos a lo largo del día para ver adónde se dirige su enfoque y su energía.

★ Sostenga la visión de lo que quiere manifestar dos veces al día durante dos minutos.

★ Permítase soñar a lo grande y deje volar la imaginación. Haga de la gratitud una constante en su vida.

★ Practique la manifestación de cosas pequeñas para ir fomentando la creencia en el proceso.

★ Mantenga su visión en primer plano. Lleve un diario, cree una representación visual y déjese notas adhesivas o recordatorios con afirmaciones.

Recibir y aceptar sus deseos

Abra el corazón y ábrase a recibir todo lo que desea. Un corazón abierto despeja el camino para que la abundancia fluya hacia todos los ámbitos de su vida. Sana, despierta y le otorga el poder de estar en su yo superior.

En la vida, las decepciones, las rupturas y los momentos dolorosos pueden provocar el levantamiento de barreras para proteger nuestros corazones. Nos puede resultar difícil aceptar el amor, los cumplidos y los gestos positivos. Sentimos que si mantenemos alejado el amor nos ahorramos el dolor de los desengaños y las decepciones. La verdad es que no aceptar el amor no le salvará de sentir dolor o de que le hieran. Al contrario, bloqueará su chakra cardíaco y eso puede impedir el establecer conexiones profundas con las personas, tener relaciones que funcionen y ver cumplirse sus deseos.

Puede pensar, *¡por supuesto que quiero amor, abundancia y ver cumplirse lo que deseo!* Querer algo y estar abierto a recibirlo son dos cosas diferentes. Puede que conscientemente quiera algo, pero si eso contradice las creencias del subconsciente, este se cerrará a recibirlo. Por ejemplo, si quiere manifestar dinero pero tiene la creencia subconsciente de que la gente rica es mala o deshonesta, su subconsciente saboteará el atraer dinero hacia usted, para evitar que se vuelva malo o deshonesto. Si quiere manifestar una relación romántica pero tiene la creencia subconsciente de que todas las relaciones acaban rompiéndole el corazón, su subconsciente bloqueará el amor para que eso no suceda.

Reconocer un bloqueo

Detectará los síntomas de estar bloqueado por el modo en como acepta ayuda, regalos y cumplidos. Cuando alguien le hace un cumplido, ¿sonríe y lo agradece, o intenta quitarle importancia diciendo algo negativo sobre sí mismo? Cuando alguien le ofrece ayuda, ¿la acepta o se siente mal por necesitar ayuda? ¿Siente vergüenza por querer lo que realmente quiere? ¿Tiene problemas a la hora de pedir lo que desea?

Yo me había marcado una meta unos años antes y me había dicho que cuando la alcanzara, me compraría un bolso de Louis Vuitton, que era algo con lo que hacía años que soñaba. Para mí simbolizaba el éxito. Elegí el bolso que quería y lo visualicé constantemente. Cuando alcancé la meta de los ingresos que quería, no me decidía a comprarme el bolso. Seguía pensando en todas las cosas que podía hacer con ese dinero y de las que toda la familia podría disfrutar, como unas vacaciones o comprar algo para la casa. Ese era el problema. No tenía problema en comprar buenas cosas para otros. Pero no podía hacerlo para mí misma. De hecho, hice que mi marido me lo comprara como regalo de cumpleaños.

Lo que esto estaba haciendo era mandar un mensaje al universo diciendo que no estaba abierta a recibir. Estaba emitiendo la vibración de no ser merecedora de recibir buenas cosas para mí misma. Estaba afirmando que la única manera en que podía tener cosas bonitas era si me las regalaban.

Entonces, fue cuando me di cuenta de que todos los grandes objetivos de mi vida no iban a dar fruto a menos que trabajara esta creencia de que no merecía invertir dinero en mí misma. ¿Cómo podía continuar persiguiendo objetivos si nunca celebraba o me recompensaba por las victorias que iban dándose por el camino?

Aprender a estar abierto

Empecé a ver las cosas de distinta manera. Pensé en el mensaje que les transmitía a mis hijos. Quería que supieran que eran dignos de todo aquello que deseen. Quería que se cuidaran y que se trataran con un amor incondicional. Pero, como ya sabemos, los niños aprenden observando a sus padres, así que sabía que tenía que empezar a darme a mí misma el mismo grado de amor y merecimiento.

Tenía que recordarme que estar abierto a recibir no es ser egoísta. Cuando uno se permite aceptar sus deseos, está dando ejemplo a las personas de su entorno. Recompénsese, mímese y ámese, para ser la mejor versión de sí mismo para sus seres queridos.

Es hora de abrirse plenamente a recibir todo lo que desea. Si bloquea el cumplimiento de sus deseos, se mantiene en un estado de escasez. Abrirse le permite pasar de una mentalidad de escasez a otra de abundancia. Cuando va por la vida con el corazón abierto, abre las puertas de la abundancia, el amor y del cumplimiento de su deseos por parte del universo.

Estoy totalmente abierto a la prosperidad.

La clave para abrirse a recibir es elevar su frecuencia vibratoria al mismo nivel de la del amor. Puede acceder a la frecuencia del amor en cualquier momento practicando la gratitud. La gratitud es esencialmente expresar amor por las cosas de su vida. A lo largo del día, intente encontrar todas las cosas que pueda para expresar amor y gratitud, incluso las más simples. *¡Me encanta esta taza de café! ¡Me encanta el día que hace! ¡Me encanta este traje!* Intente sentirlo profundamente. Cuanto más intensamente sienta algo, más poderoso será para cambiar su frecuencia vibratoria.

El chakra del corazón

El chakra del corazón se encuentra en el punto central de todos los demás; es por ello que muchos lo consideran el más importante. Es el puente entre sus emociones y su espiritualidad. Los síntomas de que su chakra del corazón está bloqueado pueden ser el guardar rencor, la dificultad para conectar con los demás y sentimientos como la ira y los celos. Como vimos antes, el perdón es esencial para la sanación. Una vez sea capaz de perdonar, puede avanzar en el proceso de sanación abriendo su chakra del corazón.

Nada es más poderoso para abrir el chakra del corazón que el amor propio. El modo en que se ama a sí mismo determina cómo manifestará el amor en su vida. Muy a menudo somos nuestro peor enemigo. Si cometemos un error o hacemos algo embarazoso, somos demasiado duros con nosotros mismos y poco indulgentes. Cuando nos miramos al espejo podemos ser muy críticos con nuestro aspecto.

> ## Sugerencia
>
> ❖❖❖❖❖❖❖❖
>
> Cuando expresa gratitud al levantarse por la mañana, está preparando su mente para que se muestre más optimista durante el resto del día.

Piense en los pensamientos negativos y críticas contra usted mismo que se le ocurran y anótelos. Ahora léalos en voz alta e imagínese que se los está leyendo a su mejor amigo. ¿Hablaría de su mejor amigo en esos términos? Por supuesto que no. Entonces, ¿por qué sí lo hace hablando de usted?

El amor propio es volver al estado natural de amor antes de que el mundo le llenara de creencias y percepciones que dicen que usted no da la talla. ¿Cuántas veces ha pensado en que no era lo suficientemente atractivo, delgado, listo, extravertido, brillante? Esas son historias que nos contamos a nosotros mismos basadas en nuestras percepciones del mundo que nos rodea. ¡Lo cierto es que sí da la talla! Siempre ha sido suficiente y siempre será suficiente, exactamente tal como es.

Pasamos por esta programación de niños, cuando nos hacen creer que deberíamos encajar y ser como todos los demás. Aprendemos a disimular nuestras cualidades singulares o a esconderlas. Imagínese lo aburrida que sería la vida si a todos nos gustaran las mismas cosas o pensáramos de la misma manera. Nunca habría innovación ni ilusión en la vida. Todo sería aburrido y mediocre. De hecho, piense en los personajes históricos que admira. La mayoría de las personas que pasaron a la historia y cambiaron el mundo no encajaban en el molde. Fueron contracorriente. Eran diferentes, y en lugar de ocultarlo, lo aceptaron. Siguieron aquello que les motivaba, aunque la sociedad los juzgara por ello.

Hay personas que están esperando ver la persona que usted es realmente. Necesitan sus talentos. El mundo no necesita otra fotocopia. El mundo necesita ver las cosas que le hacen diferente. Acéptelas. Exprese amor hacia todas las cosas que le hacen diferente.

Trabajo con el espejo

La mayoría de las mujeres se han sentido acomplejadas por su aspecto en un momento u otro. A nuestra sociedad le gusta hacer sentir a las mujeres que nunca dan la talla con su peso o su belleza. Los anuncios de belleza, las famosas y las redes sociales reafirman que debemos cumplir unos criterios externos para que nos consideren lo bastante guapas, delgadas o simplemente «suficientes»

en general. Intente remontarse al pasado hasta encontrar el momento en que se sintió cohibido por primera vez.

En mi caso fue en la escuela primaria, cuando mi amiga se rió de mi peso. No le di importancia hasta que su madre intervino y confirmó que yo pesaba mucho más que su hija. Oírlo en labios de un adulto y con el tono que empleó me hizo sentir inferior por el número que aparecía en la báscula. Era la primera vez que empecé a observar la báscula y a sentirme que tenía que ajustar mi aspecto para ser querida y aceptada por otros. Desde ese momento me obsesioné con mi peso e inicié el juego de comparación, donde equiparaba mi autoestima con el número que salía en la báscula.

El siguiente momento fue en bachillerato, cuando conseguí el papel principal en la obra de teatro de la clase. Me sentí muy orgullosa de mí misma hasta que la niña mezquina de la clase se me acercó y me dijo: «Stephanie, ¿cómo has conseguido el papel principal? Se supone que lo tiene que interpretar una chica bonita, y tú no lo eres». Hasta el día de hoy todavía siento como me ardieron las mejillas y los ojos se me llenaron de lágrimas. Era la primera vez que alguien había sugerido que no daba la talla a causa de mi aspecto. Entonces fue cuando empecé a examinarme en el espejo y a llevar maquillaje para disimular lo que yo consideraba imperfecciones.

Mis acciones crean prosperidad constante.

Todos tenemos alguna historia similar que contar. Se puede reír y pensar que esos momentos no son gran cosa, que forman parte del crecimiento. Pero son una semilla que se va regando a lo largo de la vida con los mensajes y expectativas de la sociedad de como *deberíamos* ser en lugar de simplemente aceptarnos tal como somos.

Eso cambia hoy mismo. Hoy va a empezar a aceptar su yo verdadero. Empezará a amar sus así llamadas imperfecciones y a darse cuenta de que son lo que lo hace único. Empezará a demostrarse el amor y la aceptación que la sociedad nunca le dio. Aquí es donde entra el trabajo con el espejo. Este trabajo resulta incómodo y tonto al principio. Probablemente querrá saltarse esta actividad,

pero hágame caso: es una de las cosas más poderosas que puede hacer para empezar a reparar el daño que esos momentos le causaron a su autoestima.

Vaya al cuarto de baño, cierre la puerta con llave para tener intimidad e inténtelo. Sitúese frente al espejo, mírese a los ojos y diga: «Te amo» una y otra vez, hasta que sienta que el amor le invade y abre su corazón. Enumere todas las cosas que le encantan de usted. Demuéstrese el amor y la aceptación que no le dieron en esos momentos duros de su vida. ¿Cuándo fue la última vez que realmente se miró al espejo de una forma amable y afectuosa? ¿Cuándo fue la última vez que se felicitó en lugar de destacar toda imperfección? Cuando se siente bien consigo mismo, irradia positividad.

Escríbase una carta de amor

Haga una lista con todas las cualidades que le hacen único. ¿Por qué cosa le felicitan siempre? ¿Para que cosas le pieden ayuda? ¿De qué se siente orgulloso? ¿Qué ha tenido la fuerza de superar? ¡Escríbalo todo! No sea timido. La única persona que lo verá es usted, ¡así que láncese y exprese todas las cosas maravillosas que usted representa!

El poder del amor

Existe una llave para la ley de la atracción. Abre la puerta a la manifestación de cualquier cosa que desee, sin esfuerzo. Es el núcleo de nuestro ser. Es nuestro estado natural. Esa llave es el amor.

El amor es la vibración más elevada que podemos alcanzar. Es lo que les da a las madres una fuerza sobrehumana cuando sus hijos están en peligro. Sin él, dejaríamos de existir.

El amor es la vibración de la creación. Puesto que el amor es la vibración más elevada, es lo que nos ayuda a manifestar de forma rápida y sin esfuerzo. Manteniendo el sentimiento y la vibración del amor le convertirá en un imán para todo lo que desee.

Su ego trabaja para mantenerle a salvo en su burbuja. Es hora de liberarse. Lo hará dejando a un lado los pensamientos y entrando en el corazón. Su yo superior procede de un espacio de amor puro. Pregúntese: *¿Qué haría mi yo superior? ¿Qué diría mi yo superior? ¿Cómo sería mi yo superior?* Eso le permite ser uno con su yo superior.

Soy feliz, estoy sano y completo.

Activar la coherencia del corazón

¿Sabía usted que su corazón posee su propio sistema eléctrico? Es un poderoso centro energético y es capaz de comunicar con el cerebro y el campo electromagnético que le rodea a usted. Cuando entra en un estado de coherencia cardíaca, accede a esta poderosa energía y la utiliza para grabar sus deseos en el campo electromagnético, sintonizándose con la frecuencia de manifestar sus deseos.

Activar la coherencia del corazón puede sonar complicado, pero es muy sencillo. Requiere sumergirse en el momento presente y mirar hacia el interior en lugar de centrarse en el entorno exterior.

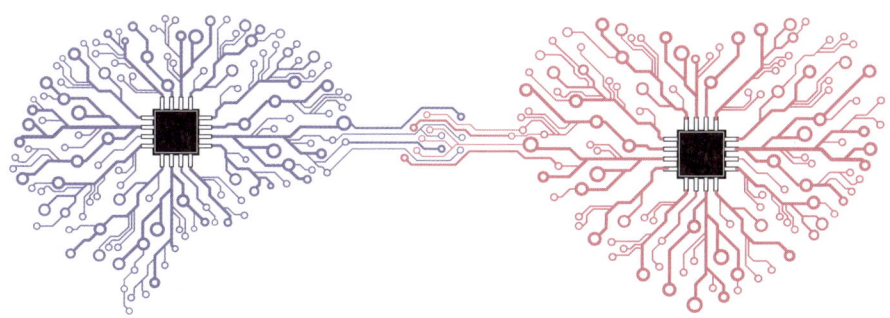

1. Empiece cerrando los ojos y poniendo la mano sobre el corazón.

2. Concéntrese en su respiración y relájese.

3. Imagine una bola de luz que emana del corazón y conecta con la fuerza vital que le rodea.

4. Visualice sus deseos como ya manifestados y conecte con los sentimientos de amor, alegría y gratitud.

5. Mientras percibe esos sentimientos centrados en el corazón, observe como la luz se vuelve más brillante.

Al expresar las emociones que desea manifestar, la fuerza de la luz que le rodea será igual al estado energético de esas emociones centradas en el corazón, provocando el cambio de una realidad a otra, algo conocido también como *manifestación cuántica*.

Manifestación cuántica

Una teoría de la física cuántica es que existe un número infinito de realidades paralelas. Están justo a nuestro lado, solo que en una frecuencia diferente. Al igual que sintoniza con una emisora de radio, puede sintonizar con diferentes frecuencias. Esto se hace expresando los sentimientos de tenerlo ya ahora.

Actuar como si ya hubiera obtenido sus deseos y, lo más importante, *sintiendo* las emociones de tenerlos ya, es como ocurre este cambio. Su corazón es el conducto energético a través del cual esto es posible. Visualizar lo que quiere al tiempo que lo siente activa la coherencia entre cerebro y corazón. Esto manipula el campo energético que le rodea y permite que la manifestación cuántica tenga lugar.

Sugerencia

Una forma rápida de activar la coherencia del corazón es simplemente poner la mano sobre él y visualizar la energía que lo rodea.

Estar en el momento presente es la mejor manera de activar la coherencia cerebro-corazón. Una práctica sencilla para tomar conciencia del presente es concentrarse en la respiración. La forma más fácil de acceder a los sentimientos de tener ya lo deseado es a través de la gratitud. Exprese amor y gratitud por lo que desea, como si ya fuera suyo. Esta simple práctica es una forma poderosa de realizar el cambio cuántico. Cuando más lo haga, más se convertirá en algo automático y su vida mejorará más de lo que jamás creyó posible.

Ejercicios de respiración

Si le cuesta concentrarse en el momento presente, pruebe alguno de estos ejercicios de respiración. Con cada inspiración lleve el aire hasta el vientre. Al soltar el aire, vacíe el vientre por completo.

Respiración 4-7-8 Inhale por la nariz a la cuenta de cuatro, retenga contando hasta siete y exhale por la boca o la nariz contando hasta ocho. Repita. Los estudios demuestran que esta técnica de respiración baja la tensión sanguínea, reduciendo así de forma natural el estrés y la ansiedad. Es también un buen ejercicio para cuando los pensamientos agitados no le dejan dormir.

Respiración coherente Inspire por la nariz tres segundos y exhale por la boca o la nariz tres segundos. Repita hasta que se sienta cómodo con el ritmo. Luego aumente a cuatro segundos, a cinco y por último a seis. Este es un tipo de respiración resonante que le fuerza a respirar lentamente y a tomar menos respiraciones por minuto. Concéntrese en lo que dura cada respiración, más que en lo profunda que sea. La respiración coherente activa la circulación, fomenta las emociones positivas y despeja el pensamiento. También restablece su sistema nervioso y mitiga la depresión.

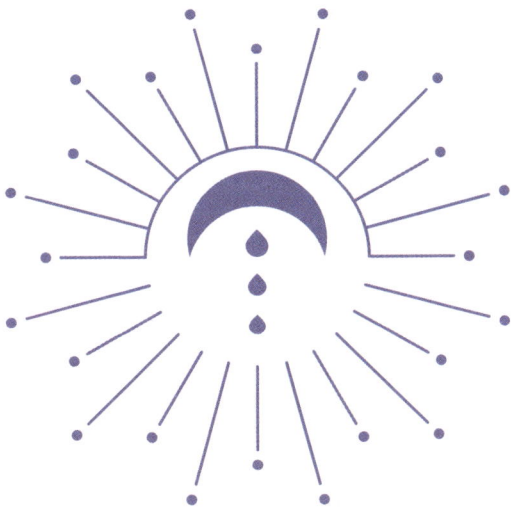

Respiración del triángulo Practique esta respiración imaginando un triángulo. Inspire por la nariz contando hasta tres, retenga tres segundos y exhale por la nariz contando hasta tres. Repita. Inténtelo hacerlo de manera rítmica, como si fuera una salmodia. Esto ayuda a regular su sistema nervioso autónomo —que controla los niveles de estrés del cuerpo— y fomenta la calma, el pensamiento claro y la sensación de paz.

Respiración igualada Aunque es similar a otros ejercicios de este tipo, la respiración igualada debe practicarse cuando necesita sentirse equilibrado en un momento determinado. Empiece eligiendo un número entre tres y cinco. Las respiraciones deberían tomar siempre el mismo tiempo. A continuación, piense en una afirmación que se ajuste a su situación. Respire por la nariz contando hasta el número elegido, reténgala y recite la afirmación mentalmente. Exhale por la nariz contando hasta el mismo número, retenga y recite su afirmación. Repita.

✸ ✸ ✸

6

SUPERAR
LOS MIEDOS

Cuando hablo de los objetivos de la vida con la gente, a menudo me preguntan qué deberían hacer si no tienen idea de cuál es su propósito. Esto es normal. Pasamos por la infancia y la primera edad adulta condicionados por nuestros padres y profesores para que tomemos un camino concreto. Estamos programados para creer que si sacamos buenas notas podremos ir a una buena universidad y conseguir un buen trabajo, bien pagado y con beneficios extra, y que entonces seremos felices. A este sueño que nos inculcan le falta una cuestión importante: ¿Qué es lo que realmente nos hará felices y nos dejará satisfechos? Sus padres, profesores y la sociedad tienen buenas intenciones, pero solo usted puede descubrir cual es el auténtico propósito de su alma. Sin él, puede sentirse no realizado, inquieto o carente de energía. ¿Ha observado alguna vez a las personas durante el tráfico de la mañana? Muchas de ellas parecen zombis, simplemente actúan sin pensar y repiten lo mismo día tras día. Llevan puesto el piloto automático porque nunca se cuestionaron el camino que la sociedad les preparó. Solo buscan ahí fuera la orientación, en lugar de mirar hacia su interior.

Las personas se dan todo tipo de excusas por no sentirse realizadas.

- ★ La vida es dura.
- ★ Hay que aguantarse.
- ★ Estoy bien.
- ★ Este es el camino seguro. Cualquier otro es desconocido y da miedo, así que mejor me quedo donde estoy.

Bien no es lo mismo que estupendo. No se conforme con una vida mediocre solo porque alguien le dijo que es el camino seguro. No vino aquí simplemente para existir. ¡Vino aquí a vivir, aprender, crecer y prosperar! ¿Está prosperando, o está existiendo? Si se siente inquieto o frustrado con su trabajo, relación o la vida en general, es porque su yo superior ve otro camino más satisfactorio o más fácil. Ahí es donde necesita prestar atención. Escuche a su intuición. Siga esos sutiles empujoncitos que le dan. Es el universo comunicándose con usted y guiándole hacia su propósito. Así es como descubre la auténtica vocación de su alma. No encontrará la respuesta preguntando a sus familiares, amigos, vecinos, profesores o terapeutas. La respuesta solo se encuentra en su interior.

Sus deseos están contenidos en su interior por una razón. Son las pistas que pueden llevarle a su propósito. Con gran frecuencia las personas se sienten culpables o avergonzadas por desear algo. Puede sentirse avaricioso o extravagante por querer algo más allá de la zona de confort que le resulta familiar. No existe vergüenza alguna en querer lo que quiere. Preste atención a sus deseos y formúlese preguntas. Si esos deseos se cumplieran, ¿de qué modo se sentiría diferente? ¿Qué podría hacer de otras maneras?

Olvídese del cómo

Como comenté anteriormente, su intuición es su sistema de orientación interno. Conoce el camino que lleva a la máxima satisfacción. Es probable que no esté sintonizado con ella. Es hora de ir más despacio y conectar de nuevo con su antena interior. Lleve un diario o medite y pida que le orienten. Permítase estar plenamente abierto a cualquier cosa que le llegue, sin juzgar. No intente encontrarle el sentido o pensar en cómo se manifestarán sus deseos. Su mente consciente es muy limitada en cuanto a ver las diferentes opciones que tiene a su disposición. Deje que su yo superior se encargue de esa parte. Usted céntrese en el resultado y en tener una fe inquebrantable en que el universo se lo traerá.

Conecte con su creatividad

La mayoría de los adultos dicen que no son creativos. Esto simplemente no es verdad. Todos nacemos creativos. De niños estamos siempre conectados a un estado de flujo creativo porque todavía no hemos sido condicionados para creer que la creatividad es una pérdida de tiempo o que con ella no pagamos las facturas. Fíjese en los niños pequeños. Dejan correr la imaginación sin preocuparse por si eso es razonable. Dibujan y pintan y no se preocupan por si cumplen con las normas de la sociedad. Cantan y bailan porque se sienten bien. No les preocupan las críticas.

Estoy guiado divinamente hacia mi destino.

En algún punto del camino, escondemos nuestra creatividad. Nos damos cuenta de que nos expone a las críticas. Ocultamos nuestra chispa y nos esforzamos mucho por encajar. La verdad es que todos somos seres creativos y que no importa lo bien que esconda su creatividad, sigue estando allí, descansando y esperando a que vuelva a descubrirla.

Lo bueno es que puede contactar con ella en cualquier momento. ¿Qué le gustaba más de pequeño? ¿Colorear, bailar, hacer trabajos manuales? ¡Hágalo ahora! No se preocupe por el resultado ni por lo que otros puedan decir. De hecho, puede hacerlo en la intimidad de su hogar. Nadie tiene por qué conocer o ver sus proyectos creativos. Es solo para usted. Es divertirse y sentirse libre de crear por el mero hecho de crear. Con ello, regresará a un estado de flujo creativo en que el tiempo transcurre de otra forma. Es un estado de gozo y de juego que los adultos no se permiten con demasiada frecuencia.

Es en ese estado cuando se hace uno con el universo y es guiado divinamente hacia su propósito. Puede que su propósito no tenga nada que ver con el proyecto creativo que ha emprendido, pero el simple hecho de crear le abre a ser creador junto con el universo y le convierte en un canal para que la orientación fluya por su interior.

> ## Sugerencia
>
> ◆◆◆◆◆◆◆◆
>
> La clave está en hacerlo sin otro propósito más que pasarlo bien y disfrutar del proceso.

Descubra su camino

Tal vez piense que ya conoce el propósito de su vida, pero le desafío a que ahonde un poco para asegurarse de que sabe *por qué* es eso lo que quiere. ¿Ha elegido un camino en particular porque le dinamiza o es simplemente un medio hacia un fin? ¿Lo ha elegido usted o alguna otra persona, como sus padres o profesores, o tal vez la sociedad?

Un simple ejercicio para averiguarlo es seguir preguntando por qué hasta que ya no haya respuesta. Cuando aprendí sobre la ley de la atracción, yo quería manifestar promociones en mi compañía y seguir ascendiendo por la escalera

Conecte con su creatividad

★ Cambie de escenario: salga al aire libre, vaya a un museo, explore un nuevo vecindario.

★ Escriba algo: dese cinco minutos y escriba libremente lo que quiera. ¡Cualquier cosa!

★ Deje la mente en piloto automático: permita que la creatividad fluya sin pensar demasiado. Pruebe con un libro de colorear para adultos, haga un puzle, pinte algo abstracto.

★ Muévase: baile, pruebe con el yoga, qi gong, camine o haga cualquier cosa que le inspire.

corporativa. El problema es que cada ascenso me dejaba más estresada y me quitaba más tiempo para estar con mi familia.

Cuando empecé a ahondar un poco más y a preguntarme por qué quería esos ascensos, descubrí que quería ganar más dinero. Cuando me pregunté por qué quería más dinero, pensé que eso me permitiría acabar de pagar la casa. Cuando pregunté por qué quería liquidar la hipoteca, la respuesta fue para poderme quedar en casa y criar a mi hija, y con la casa pagada, podría permitirme dejar el trabajo.

El verdadero propósito era dejar el trabajo y quedarme en casa con mi hija, que es justo lo opuesto de los ascensos que yo estaba manifestando. Me centraba en lo que no quería porque mi subconsciente tenía la creencia errónea de que ese era el único camino que me permitiría quedarme en casa con mi hija. No estaba conectada con mi verdadero propósito, razón por la cual no me sentía realizada. ¿Existía alguna otra manera de quedarme con mi hija? ¿Una manera que me permitiera cumplir mi propósito? ¡Por supuesto! Pero me había cerrado a cualquier otra posibilidad al concentrarme en cómo creía yo que tenía que ocurrir. Suelte el cómo y concéntrese en el por qué.

Sugerencias para llevar un diario

Estas son algunas preguntas que debe formularse cuando descubra que quiere algo solo porque es un medio para un fin:

★ ¿Cuál es el resultado final que busca?

★ Si supiera que no puede fracasar, ¿qué intentaría hacer?

★ Si supiera que nadie va a juzgarle, ¿qué haría?

★ Si tuviera medios económicos ilimitados, ¿qué haría?

¿Qué guía su vida?

¿Son sus sueños o sus miedos los que guían su vida? El miedo paraliza e impide que actúe para perseguir sus sueños. Le mantiene sintiéndose pequeño. Estamos programados por nuestra sociedad a temer el fracaso. Todo nuestro sistema educativo se basa en exámenes. Nos enseñan que fracasar es malo. Significa que no es inteligente o que no triunfará en la vida. Es algo que nos enseñan a temer y eso crea un montón de creencias limitadoras que nos frenan. Pero imagínese lo que podría ser su vida si empezara a ver el fracaso desde otra perspectiva.

A J. K. Rowlings doce editoriales le rechazaron el primer manuscrito de *Harry Potter*, pero ella no se rindió y al final una pequeña editorial aceptó su obra. Rowlings se convirtió en una de las mujeres más ricas del mundo, que contribuye cantidades ingentes a obras de beneficencia y que ha dado al mundo una serie de libros de la que millones de personas seguirán disfrutando durante años. Henry Ford tuvo dos empresas que quebraron antes de crear la compañía automovilística que produjo el Modelo T y revolucionó con ello la industria del automóvil. A Oprah Winfrey la despidieron de su primer trabajo en televisión porque el productor

consideró que no era apta para el medio. Después fue presentadora de uno de los programas televisivos más populares de la historia y fundó su propia cadena, influyendo en la vida de millones de personas de todo el mundo.

Existe una infinidad de historias como estas. Casi cualquier persona que admire por su éxito se habrá enfrentado a numerosos desafíos, fracasos y grandes riesgos. Imagínese si el miedo les hubiera detenido. La vida sería diferente, no solo para ellos, sino también para millones de personas que se beneficiaron de su inspirada acción. Todos ellos tomaron una vía muy diferente a la que nos enseñan: tenían una visión clara de lo que querían manifestar y sabían que el camino al éxito y a la realización a menudo está repleto de «fracasos». Pero se dieron cuenta de que eso no son realmente fracasos en el sentido que nos enseñan. Son simplemente desvíos del universo que le llevan por un camino mejor. Creyeron en su visión con una fe tan inquebrantable que, sin importar el rechazo al que se enfrentaran, siguieron perseverando.

Estoy exactamente donde necesito estar en estos momentos.

Mantuvieron la confianza tiempo después de que pareciera que nunca ocurriría. Fueron capaces de hacerlo porque estaban conectados con su yo superior y le hicieron caso a su intuición para acceder a los pensamientos inspirados y a los pasos necesarios que debían tomar para que sus sueños se materializaran. Imagínese lo que podría ser el mundo si enseñaran este concepto a los niños en lugar de inculcarles el miedo al fracaso.

Miedo a ser juzgados

El miedo a ser juzgados nos frena a la hora de compartir nuestro verdadero yo con el mundo. Es probable que en su infancia sufriera en algún momento algún tipo de acoso, o que viera como acosaban a otros y usted se protegió confundiéndose con los demás. Le enseñaron que si encajaba en el grupo, sería aceptado y querido; si de alguna manera destacaba, sería embarazoso y doloroso para usted.

Esta pequeña semilla de miedo a ser juzgado está siempre presente en alguna parte de la mente, a menudo afectando a nuestra vida cotidiana sin que nos demos cuenta de ello. Quizás rebaja un poco el tono de sus entradas en las redes sociales para que las personas no crean que está siendo demasiado directo. No

quiere ofender a nadie, así que se reprime y no comparte su verdadera opinión. Tal vez no se pone ese conjunto o esa pieza de joyería que le encanta porque parecería demasiado: demasiado extravagante, excéntrico, sexi. Puede que se reprima de conseguir las cosas que realmente quiere porque le preocupa que piensen que es codicioso o egoísta. Lo contrario también puede ser cierto. Quizás siente que es aburrido, que no da la talla, así que se esfuerza por no ser menos que los demás y eso le estresa.

Las personas que le juzgan van a hacerlo haga lo que haga, así que es mejor que haga lo que realmente quiere y dejar que le juzguen por ello. Una vez me encontré con una entrada en una red social que decía más o menos lo siguiente:

- ★ En la adolescencia y la veintena se preocupa por lo que todo el mundo piensa.
- ★ En la treintena y la cuarentena empieza a aceptarse y deja de preocuparse por lo que piensan los demás.
- ★ En la quinta y sexta década se da cuenta de que todos habían estado ocupados con su propia vida y que nunca llegaron ni a pensar en usted.

Hay mucha verdad en ello. Las personas están centradas en su propia vida, sus propios sueños y sus propias inseguridades. De hecho, cuando alguien le juzga, en realidad están proyectando sus propias inseguridades en usted. Puede que en un momento u otro alguien le juzgue, pero la mayor parte del tiempo la gente está en su propio mundo, no pensando en usted. Las personas pueden juzgarle por algo embarazoso que dijo o algo «malo» que hizo, pero un rato después se olvidan y continúan con sus cosas. Es hora de dejar que este miedo a ser juzgado le controle y de empezar a vivir su vida y a dejar brillar su luz mostrando su verdadero yo.

Miedo al rechazo

Todos hemos sufrido el rechazo en algún momento de nuestro pasado. Quizás le pidió a alguien para salir y le dijeron que no, les pidió a sus padres un juguete que realmente quería y al momento se lo negaron y le hicieron sentir mal simplemente por haberlo pedido. Estos momentos de la infancia, aparentemente insignificantes, permanecen con nosotros hasta la adultez, y eso hace que temamos pedir lo que queremos. Su ego ya resultó herido antes. Eso le produjo sentimientos dolorosos y ahora su subconsciente se esfuerza al máximo para que no vuelva a ocurrirle. Pero ¿que se está perdiendo? Lo peor que puede pasar es que le digan que no. Si este es el caso, se quedará como está ahora. Sí, su ego estará un poco magullado, pero probablemente habrá adquirido un poco de conocimiento o perspectiva por el camino. Lo mejor que le puede ocurrir, ¡que consiga lo que quiere! No deje que el miedo al rechazo se interponga entre usted y lo que quiere manifestar.

Miedo al fracaso

La mente tiene la habilidad de hacer que el peor de los casos parezca mucho peor de lo que realmente es, y suele restar importancia al mejor de los casos, dejándole con eso de *más vale prevenir que curar.*

Recuerdo que en un momento de mi vida estaba en una encrucijada: quería dejar mi trabajo «seguro» en la empresa y seguir mi propósito de enseñar a personas de todo el mundo sobre la ley de la atracción. En mi corazón sabía lo que realmente quería, pero la idea de dejar el trabajo me aterrorizaba. Mi mente exageraba en gran manera el peor de los casos, diciéndome que si las cosas no funcionaban estaba condenada al fracaso. Lo perdería todo. Un día escuché un podcast que hablaba sobre una encuesta realizada a personas en los últimos días de su vida. Decían que la gente tendía a lamentar las cosas que no habían hecho, no las que sí habían hecho. Entonces se me ocurrió que el peor de los casos no era intentarlo y fracasar. Después de todo, si todo salía mal, siempre podía volver a otro trabajo mediocre en ventas. Lo que era malo era acabar arrepintiéndome al final de mi vida. ¡Y el mejor de los casos era que todos mis grandes sueños se hicieran realidad! ¿No merece eso correr el riesgo de fracasar? Ahí decidí ir en pos de mis sueños, y jamás he mirado atrás.

> ### Sugerencia
> •••••••••◆◆◆◆••••••••••
>
> Pasar a la acción le ayudará a dejar un lado sus pensamientos y a poner en marcha la manifestación.

Vencer el miedo y la ansiedad mediante la visualización

He tratado con la ansiedad toda mi vida. Sin saberlo, de niña utilicé la ley de la atracción para vencerla, visualizando el resultado que deseaba. De pequeña era muy tímida. Tener que hablar frente a los demás en la escuela me aterrorizaba hasta el punto de que enfermaba. Antes de hablar, tenía que visualizarme estando frente a toda la clase con toda confianza. Me imaginaba captando la atención de todos. Visualizaba a mi profesora dándome un excelente.

Soy capaz de tratar con cualquier problema que surja.

Aunque no me daba cuenta de que manifestaba, sí sabía que me ayudaba a pasar los momentos que más temía. Sabía que al visualizar el resultado deseado, las cosas siempre parecían ir a mi favor. Después de los atentados del 11 de setiembre empecé a tener miedo a volar. Siempre que subía a un avión, cerraba los ojos y lo visualizaba aterrizando sin problema en la pista. Sentía el alivio y daba las gracias por un vuelo seguro. Tenía una fe inquebrantable en que manteniendo esa visión todo iría bien, y eso eliminaba cualquier ansiedad que sintiera por estar en un avión.

Acción inspirada

La mayoría de las personas dudan de su intuición y solo fantasean sobre emprender una acción para algún día materializar sus sueños. Las personas que alcanzan su propósito son las que confían en su intuición y emprenden una acción inspirada *ahora*. La mejor forma de superar sus miedos es pasando a la acción. ¿Ha oído alguna vez la expresión «la ocasión la pintan calva»? Esto se aplica también a la manifestación. Cuando tiene una idea inspirada, piense que le llega en este momento exacto por una razón. El universo sigue un tiempo divino y está plantando esa semilla de inspiración en usted porque es el momento ideal para emprender una acción. A menudo, tenemos ideas inspiradas y nos decimos a nosotros mismos que ya volverán más tarde. El problema es que eso no pasa casi nunca. Nos olvidamos de ellas. Cuanto más tiempo pasa, más tiempo tiene la mente para convencernos de que es mala idea, imaginando todo tipo de formas en que puede salir mal y reafirmando nuestras creencias limitadoras. Aunque intente pasar a la acción más adelante, no tendrá el mismo resultado porque le faltará la energía creativa que fluye por su interior en el momento en que tiene la idea. Confíe en el universo y pase a la acción.

Cuando se sienta paralizado y no pueda pasar a la acción, un truco simple y rápido para vencer el miedo y la ansiedad es dar una buena sacudida a su energía corporal. Esto le ayudará a dejar a un lado sus pensamientos y a estar en el cuerpo. Literalmente: sacuda el cuerpo, empezando por la cabeza, brazos y manos, y vaya bajando hasta las piernas y los pies; sienta cómo la ansiedad se va disolviendo.

Rendirse y dejar ir

¿Cómo visualizar y encarnar sus deseos al tiempo que se rinde y deja ir el resultado? Esto es algo que me preguntan con frecuencia. Todo tiene que ver con la energía y la vibración. Visualizar y pensar en sus deseos debería ser algo que le haga sentir bien. Debería resultar emocionante y divertido. Si no tiene la certeza, si duda de que pueda ocurrir y piensa que debe concentrarse y visualizar sus objetivos constantemente porque de lo contrario no se manifestarán, está pensando con miedo y obtendrá el efecto opuesto de lo que quiere. Cuando se expresa desde un lugar de desesperación, duda o miedo, en realidad está alejando eso mismo que intenta manifestar.

Imagínese tener una cita con alguien, pasarlo bien y volver a quedar para la semana próxima. Cree que le gusta esa persona, se siente emocionado por volver a verla. Piensa que podría convertirse en una relación. Ahora imagine que esa persona le llama esa misma noche, solo para saludar y decir que lo ha pasado bien y que sí quiere verle otra vez la semana próxima. Al día siguiente vuelve a llamar y dice: «Ya sé que dijiste que sí querías que nos encontremos de nuevo la semana próxima, pero solo llamaba para asegurarme de que lo sigues queriendo». Y llama otra vez, y vuelve a llamar, para confirmar que usted lo pasó bien y que, al igual que él o ella, quiere volver a verle.

Hacia la segunda o la tercera llamada usted ya habrá salido corriendo, ¡pensando que esa persona es una acosadora! La desesperación y la falta de confianza no atraen, sino que repelen. Tenga una fe total en que el universo le hará llegar el pedido en un par de días. No tiene que comprobar a cada momento que se está enviando. Simplemente pase el pedido y confíe en que está de camino.

Práctica de protección

Mantener una mentalidad positiva puede resultar difícil, así que necesitamos técnicas, como la siguiente práctica de protección, para alejar las fuerzas negativas y dar paso a las positivas. Si alguna vez siente que el miedo le supera y que necesita protección, esta es una buena manera de protegerse a usted y a sus seres queridos:

1. Visualice una luz brillante que llega del universo y entra por el chakra de la coronilla.
2. Sienta la luz acumulándose en el corazón y manando de él, formando una burbuja protectora a su alrededor.
3. Puede ampliar esta burbuja para que incluya a otros.
4. Repita: *Estoy a salvo y protegido. Me aman y me apoyan. Todo saldrá bien.*

Cada célula de mi cuerpo está llena de luz.

✳ ✳ ✳

7

MANIFESTAR ESPERANZA Y PAZ

Todos tenemos nuestro punto de ruptura. Es el momento en que decidimos que ya no toleramos más las cosas que no sirven a nuestro mayor bien, y elegimos algo mejor. Manifestar esperanza no es esperar o desear que todo vaya bien. Es tomar la *decisión* de manifestar algo mejor. Una vez tomamos la decisión, se abren puertas que no sabíamos que existían. El universo trazará el camino y le guiará, pero primero debe tomar la decisión de dejar atrás lo que no le sirve para su mayor bien y de manifestar algo nuevo. Todos tenemos nuestros umbrales de tolerancia. Tenemos un umbral para el dolor. Un umbral para la economía. Un umbral para las relaciones. Una vez caemos por debajo de la línea que nos hemos fijado, o bien nos desesperamos o nos superamos y manifestamos mejor. Muchas veces alcanzamos nuestro punto de ruptura y nos sentimos desesperados. Sabemos que queremos algo mejor, pero no sabemos cómo llegar allí. En esos momentos, siempre tenemos alguna guía. Todo lo que debemos hacer es pedir y escuchar.

Observe las señales

Si se siente estancado, puede pedir una señal. Haga saber al universo qué señal podría ser. Elija algo que tenga sentido para usted, pero que sea algo especial, algo que no vea todos los días. Así, cuando lo vea, sabrá que es el universo que le responde con la señal, que está en el buen camino y que debería seguir adelante.

Cuando me mudé a Florida, dejé que poco a poco me invadiera la duda. Desarraigar a mi familia para ir a un lugar donde nunca habíamos estado antes era terrorífico y, al mismo tiempo, estimulante. ¿Estaba tomando la decisión correcta para mi familia? ¿Lo lamentaría? ¿Saldríamos adelante en esa nueva ciudad, donde no conocíamos a nadie? Le pedí al universo que me diera una señal para saber si iba por buen camino. La señal que pedí era un arcoíris. ¡Empecé a ver arcoíris por todas partes! Cada vez que daba un paseo, o que iba en coche, aparecía un arcoíris. En mi casa tenía dos lámparas de cristal y la forma en que el sol incidía en ellas a través de la ventana hacía que pequeños arcoíris se reflejaran en las paredes. Yo creo que era el universo confirmando que me encontraba en el camino correcto y que siguiera adelante.

El ego tiende a inmiscuirse y a llenarnos de dudas cada vez que vamos a salir de nuestra zona de confort para adentrarnos en una nueva realidad. Es entonces cuando una señal le puede tranquilizar al hacerle saber que va por buen camino.

Cambie de pensamiento

Cuando llega a un punto de desesperación y angustia, es porque ha entregado su energía a los pensamientos y sentimientos negativos. El problema es que estos generan más pensamientos negativos. Sin darse cuenta, está resbalando hacia un túnel profundo y oscuro que lleva a un mundo de miseria. Solo decirse a sí mismo que debe pensar en positivo o ver el lado bueno ya resulta difícil.

Empiece con un único pensamiento y cámbielo a un resultado ligeramente mejor o a otra manera de hacer las cosas. A medida que elija escenarios, pensamientos o sentimientos más positivos, poco a poco irá saliendo del agujero de la desesperación y se dirigirá hacia el reino de la esperanza.

Alimente su mente con el máximo de buenos pensamientos y sentimientos que pueda. Puede ser algo tan sencillo como agradecer el brillo del sol o estar orgulloso de sí mismo por levantarse de la cama. Halle algo a lo que aferrarse y permita que vaya convirtiéndose en esperanza y en la posibilidad de que más cosas prometedoras aparezcan en su vida. La mente es muy poderosa y usted es el creador de su propia realidad. Suyo es el poder de decidir que está manifestando sus sueños. Una vez tomada la decisión, los milagros ocurrirán.

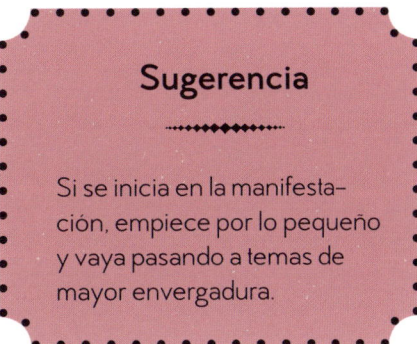

Sugerencia

Si se inicia en la manifestación, empiece por lo pequeño y vaya pasando a temas de mayor envergadura.

Cuando se intenta manifestar algo de gran envergadura y no sucede al momento, es fácil perder la
esperanza. Esto les ocurre a muchas personas que se
inician en el proceso de manifestación. Su deseo no se
cumple de inmediato, o de la forma en que pensaban,
y ya dicen que la manifestación no funciona. Concédase una pequeña victoria. Tal vez su gran objetivo
sea ser millonario, pero ni siquiera puede imaginarse
cómo sería eso. Es un objetivo tan enorme compara-
do con el punto en que se encuentra ahora, que en el
fondo no cree que sea realmente posible. Eso le puede
dejar desesperanzado. Si este es el caso, concédase
una pequeña victoria. Empiece manifestando 100 dólares. Una vez ocurra, intente manifestar 1000. Siga
fortaleciendo el músculo de la manifestación y su confianza y creencia seguirán.
A medida que vaya viendo pruebas de manifestación, su gran sueño de ser millonario de repente parecerá creíble y usted recuperará la esperanza.

Sea la energía que desea atraer. Cuando vemos injusticias es fácil enfadarse,
pero emitiendo sentimientos de odio o rabia le damos más energía y conciencia
a la injusticia, y con ello más poder. Al enviar esos sentimientos negativos, está
atrayendo más sentimientos negativos y más injusticias hacia usted. Entonces,
¿se supone que debe quedarse parado y ver cómo eso ocurre? No. Puede sostener la vibración de paz y amor y enviarla a todo el mundo que la necesite.

La paz no es algo que llega cuando se acaban todas las guerras. La paz es
un espacio de nuestro interior al que podemos acceder en cualquier momento.

Se encuentra en el centro de nuestro
ser. Podemos sostener ese espacio para
nosotros y para otros. Es desde ese
espacio que manifestamos más paz en el
mundo. Hacemos brillar la luz para que
otros vean el camino. Como decía Teresa
de Calcuta: «Yo sola no puedo cambiar el
mundo, pero puedo lanzar una piedra al
agua y crear muchas ondas». Su vibración energética es la piedra que produ-
cirá ondas en todo el mundo. Que esas
ondas sean de paz, amor y alegría.

Crear un espacio para la calma

Para crear un espacio para la calma debe soltar aquello que le hace sentir inquieto. Sin saberlo, podría estar aferrándose a una energía tóxica en el cuerpo. Esto podría venir de antiguos traumas que no se han sanado. Puede que se aferre a la ira, el resentimiento, la amargura o los celos.

Estoy sano y soy fuerte.

Meditación para la desintoxicación emocional

Estamos programados para sentir vergüenza por expresar emociones como la rabia, los celos o la tristeza. La culpa, la vergüenza, la cólera y el resentimiento se pueden manifestar en el cuerpo como tensión, dolores y rigideces. Una forma de limpiar esta energía es con una meditación de escaneo corporal.

1. Empiece por ponerse de pie, con los pies firmemente plantados en el suelo y con la espalda erguida.

2. Comience a repasar el cuerpo, empezando por la parte superior de la cabeza y bajando hasta las plantas de los pies.

3. Fíjese en cualquier tensión, dolor de cualquier tipo o rigidez y tome respiraciones hondas dirigiéndolas hacia esa zona.

4. Con cada respiración, imagine que crea un espacio entre todas las células de esas zonas.

5. Sienta la paz que le invade a medida que continúa con esta práctica siguiendo el cuerpo entero.

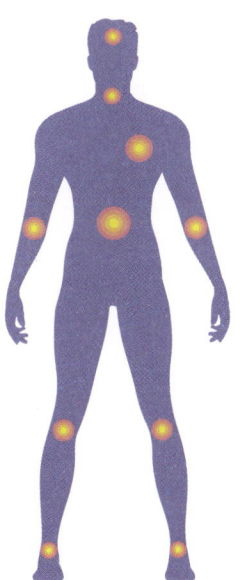

Depure los pensamientos negativos

Cuando los pensamientos y los sentimientos negativos no se expresan del todo, pueden permanecer y manifestarse como estrés físico en el cuerpo. Una técnica para liberarse de esos sentimientos es una sesión intensiva de escribir en su diario, escribiendo todo lo que le estresa y lo que quiere soltar. Este ejercicio puede generar un montón de emociones, así que encuentre un espacio donde se sienta libre para expresar abiertamente estas emociones. No se reprima. Sáquelo todo. Nadie lo verá, así que permítase expresar libremente todo lo que se le ocurra. Es muy buena ocasión también para soltar cualquier juicio o creencias limitadoras que ya no le sirven para nada.

El universo responde a mis pensamientos y sentimientos.

Cuando termine, rompa el papel y tírelo o quémelo, simbolizando su liberación de esos sentimientos y experiencias reprimidas. Esto puede convertirse en un ritual que realice una vez al mes durante la luna llena, ya que la energía de la luna llena hace que muchas cosas salgan a la superficie y provoquen emociones.

Desintoxicación física

Puede eliminar toxinas físicas de su cuerpo mediante el masaje, el yoga, una limpieza o desintoxicación. El masaje le ayudará a liberar toxinas que se encuentran entre las articulaciones y los músculos. El yoga le ayudará a extraer las toxinas de sus órganos. Además de beber mucha agua, las desintoxicaciones y limpiezas contribuirán a eliminar esas toxinas del cuerpo.

Despeje su espacio, despeje su mente

Es difícil calmar la mente y encontrar ese lugar tranquilo cuando está rodeado de desorden. Un lugar desordenado a menudo lleva a pensamientos sobrecargados y abrumadores. Al igual que hizo un espacio en su interior para la calma, es hora de crear un espacio físico en su casa para contar con un lugar sagrado donde relajarse y sentirse en paz. Tire los objetos físicos que están acaparando espacio y que no sirven a ningún propósito ni a nada que le haga sentir bien. Si no está seguro si guardar algo o tirarlo, sosténgalo en las manos y confíe en la sensación que note. ¿Le da paz, amor o alegría? ¿Sirve para algo en su vida y contribuye a su mayor bien? Si la respuesta no es un sí inmediato, es hora de librarse de él. Es mejor empezar por una habitación en lugar de intentar limpiarlo todo a la vez. Quizás incluso empezar por la esquina de una habitación

Soltar

Cuando decida liberarse de ciertas cosas, resulta útil sentir gratitud por el uso que les dio. Cada objeto tenía su función. Era lo que necesitaba en ese momento, pero ahora es momento de pasarlo a otra persona que lo pueda utilizar.

o de una mesa de trabajo. Elija un espacio al que pueda retirarse cuando la vida le resulta caótica.

Una vez despejado y ordenado, solo lleve objetos a ese espacio que le produzcan amor, paz o alegría. Elija cosas que tengan un significado y que le hagan sentir bien o sirvan a un propósito. Le asombrará cómo la práctica de tirar y ordenar puede influir sobre sus sentimientos y su vibración en general, dejándole renovado.

Trátese con amabilidad

Podemos ser nuestros críticos más severos. Es importante recordar que, como seres humanos, estamos lejos de ser perfectos. Cometer errores forma parte integral de nuestra experiencia, nos ayuda a aprender, a crecer y a evolucionar, tanto aquí en la Tierra como en el plano del alma. Dejar ir la idea de perfeccionismo es una de las cosas más liberadoras que puede hacer. Aceptar que la perfección no existe y que todos estamos aprendiendo le permite tratarse con amabilidad y hacer las paces con los errores cometidos. Le libera del miedo a avanzar en pos de sus objetivos.

No tengo que ser perfecto. Solo necesito ser yo mismo.

La creatividad y su niño interior

Volvamos ahora a un tiempo en que todavía se permitía soñar sin límites. Creía en todas las posibilidades y milagros. Todavía no llevaba el peso del mundo sobre los hombros. Era libre de pensar sin límites ni juicios. Ese era su auténtico yo, conectado con su yo superior y familiarizado con el universo.

Con el tiempo, el mundo le enseñó a pensar lógicamente y a seguir el camino más predecible. Es probable que le programaran para creer que la creatividad no paga las facturas y que es un camino que no lleva a ninguna parte. Eso está lejos de ser verdad. Es a través de nuestra creatividad e imaginación que nos abrimos a *todos* los posibles caminos y oportunidades. Es donde nos guían hacia nuestro verdadero propósito. Es nuestra conexión con el universo.

A pesar de lo que pueda pensar o haber oído, su creatividad no está perdida. Solo está enterrada en lo más profundo de su ser, pero tiene el poder de acceder a ella cuando esté listo para hacerlo. Sigue utilizando diariamente su imaginación. Pero en lugar de dejarla libre, simplemente imagina la vida que piensa que tiene que vivir. Está imaginando un camino predecible, influido por lo que la sociedad considera razonable.

La mente es ilimitada. Sus pensamientos pueden ir todo lo lejos que usted les permita. La vida puede ser un juego divertido e imaginativo o una dura y fría realidad. Depende de usted.

Pongamos que pierde el trabajo. Puede dejar que la mente le diga que esto es el fin y que va a perderlo todo, o dejar que su imaginación se llene de emoción ante esta oportunidad de liberarse de su mediocre trabajo y de poder empezar una nueva aventura en busca de su propósito y de aquello que le apasiona.

Su realidad se basa en sus pensamientos, estos generan sentimientos, y estos afectan a su vibración. Así, su vibración determina su realidad.

Flujo creativo

¿Alguna vez ha estado enfrascado profundamente en un proyecto creativo, mientras las horas pasaban y parecían minutos? Se encontraba en un estado de flujo creativo, viviendo en el momento presente. Cuando vive en el momento presente, activa la coherencia entre el cerebro y el corazón. Es en este estado cuando puede utilizar la energía del corazón para grabar sus deseos en el campo energético que le rodea, dando paso al proceso de manifestación.

Concentrarse en la respiración y entrar en un estado meditativo es una forma excelente de permanecer en el momento presente. Sin embargo, si tiene dificultades con la meditación, una actividad creativa es otra forma muy eficaz de entrar en este estado de flujo y coherencia. Cuando se abstrae en un proceso creativo y entra en ese estado de flujo, se convierte en un canal abierto para el universo, que le permite recibir ideas inspiradas y sabiduría. Existen muchas formas de ser creativo, ya sea coloreando, pintando, tejiendo, cocinando o cualquier otra cosa que lleve su atención al proceso creativo.

Todos somos seres creativos y conectar con su verdadera naturaleza creativa le abrirá las puertas de un mundo de posibilidades. Nunca se es demasiado viejo para utilizar la imaginación, soñar a lo grande y empezar algo nuevo.

Me encuentro en un estado de vibración elevada.

Encuentre su chispa llevando un diario

¿Cuando fue la última vez que se rió a carcajadas? ¿Cuándo fue la última vez que se perdió en el momento y se olvidó del tiempo? En lugar de ser tan serio, ¿no sería divertido dejar que su imaginación se desbocara? ¿No le parecería refrescante soñar a lo grande? ¿No sería estupendo despertarse lleno de alegría? Es muchísimo más fácil sentirse bien que mal. Es más divertido sentir entusiasmo que temor. Ser demasiado serio todo el tiempo puede llegar a ser aburrido y agotador a la vez. Es hora de encontrar su chispa creativa y de ponerse de nuevo en contacto con esa imaginación del niño que fue. Estas son algunas sugerencias para escribir en su diario, que ayudarán a liberar su imaginación y a dejarla volar:

★ Si supiera que no le juzgarían, ¿qué haría?

★ ¿Cómo sería si fuera verdaderamente auténtico?

★ ¿Qué camino seguiría si pensara que nadie le observa?

★ ¿Qué dejaría de hacer si supiera que sus acciones no serían examinadas por otros?

★ Si supiera que no puede fracasar, ¿qué haría?

★ ¿Qué camino seguiría?

★ Si tuviera mil millones de dólares, ¿qué haría hoy?

★ ¿Qué cosa creativa le gustaba hacer de niño?

★ Si pudiera crear su día soñado, sin ningún tipo de límites, ¿cómo sería?

Su niño interior

Escondido en su corazón se encuentra su niño interior. Piense en cuando era un niño pequeño. Era puro e inocente, el mundo no le había endurecido. Aunque lloraba cuando sus necesidades básicas exigían ser satisfechas, rebosaba amor y alegría. Este es nuestro estado natural. Es caon lo que todos nacemos. No es hasta que nos programan a lo largo de nuestras vidas que esta suavidad se va endureciendo, robándonos poco a poco nuestro estado natural. Aunque ahora sea un adulto, su niño interior sigue estando allí, bajo las capas de experiencias y programación que han conformado su adultez.

La sanación del niño interior no es solo para aquellos que han sufrido maltratos y traumas. Todo el mundo puede beneficiarse de sanar su niño interior, porque todos hemos pasado por momentos en la infancia que nos hacen sentir avergonzados, inferiores o insuficientes. Incluso momentos que parecen pequeños e insignificantes, como un compañero de clase riéndose de usted en primaria, o sus padres avergonzándole por haber sacado mala nota en un examen, su autoestima ha ido minándose poco a a poco. Las experiencias que recuerda conscientemente son menos numerosas que las que se esconden en su subconsciente. Aunque su mente consciente no es capaz de recordar todas y cada una de las experiencias, su subconsciente es como una biblioteca que tiene archivados todos los recuerdos con detalles precisos. Las prácticas de este apartado no solo empezarán a sanar su niño interior en el nivel consciente, sino que también penetrarán en las capas del subconsciente donde se almacenan estos recuerdos. A medida que sane su niño interior, recuperará su autoestima y se convertirá en un receptáculo abierto para recibir lo que desee.

Esta etapa de mi vida es primordial para mi crecimiento.

Amar a su niño interior

A medida que redescubre su niño interior y conecta con esa fuente de energía pura y amorosa, verá que manifestar se vuelve más fácil y divertido. La vida se convierte en un juego. Entra en un mundo donde los milagros ocurren y todo es posible.

Su niño interior necesita ser amado y cuidado, como haría con un recién nacido. Así es como se tratará a sí mismo a partir de ahora. Cuando los bebés aprenden a comer alimentos sólidos y ensucian, no les avergüenza y les dice que son unos fracasados y que nunca aprenderán a comer bien. Eso sería absurdo, ¿no es cierto? En lugar de ello, les orienta y les anima a seguir intentándolo. Así es como se tratará a sí mismo a partir de ahora. No vea los errores como fracasos. Véalos como oportunidades de aprender y crecer, y anímese a ser paciente y a perseverar.

Si sus hijos sufrieran acoso en la escuela, no les diría que creyeran al acosador y ciertamente no les diría que no valen nada. Les daría consuelo y amor. Esto es exactamente lo que necesita como adulto cuando se enfrenta a juicios e inseguridades. Aunque seamos adultos, todavía necesitamos ser amados y protegidos. Aún necesitamos que nos cuiden y nos recuerden que somos dignos. Esto nunca cambia. Es cierto para toda la humanidad.

Como hemos comentado anteriormente en el libro, el pasado es esencial para seguir adelante y manifestar mejor. Aferrarse a la ira o al resentimiento no hace más que emponzoñar su espíritu. Tal vez en su infancia le descuidaron o le maltrataron de un modo u otro. Tal vez le dijeron que era un fracasado o sus padres no le dieron suficiente amor o atención. Es importante saber que sus padres hicieron lo mejor que pudieron de acuerdo con su nivel de conciencia en esos momentos. Probablemente a sus padres les trataron igual y eso conformó su estilo de cómo ser padres. Asimismo es importante reconocer que cualquier daño que pudieran haberle causado era un reflejo de su propio dolor e inseguridad. Tal vez le presionaron para que estudiara algo que usted no quería. Lo más probable es que con ello intentaran llenar un hueco en su propia vida, deseando que ellos hubieran podido tomar ese camino.

Meditación para el niño interior

Estar en contacto con nuestro niño interior requiere práctica. Ha estado escondido y reprimido largo tiempo, y no es fácil abrir esas puertas que han estado cerradas a cal y canto durante —potencialmente— décadas. Utilice esta meditación para empezar a abrir esas puertas y comunicarse con su niño interior. Para empezar, use la carta siguiente dirigida a su niño interior, pero a medida que practique, procure que la carta vaya evolucionando de acuerdo con lo que su niño interior le dice que necesita.

1. Encuentre una posición cómoda en un lugar seguro y tranquilo donde pueda estar en soledad unos minutos.

2. Elija un ejercicio de respiración que le parezca adecuado para este momento (*véanse* págs. 80-81).

3. Aquiete la mente empezando a respirar. Repita el ejercicio de respiración de cinco a diez minutos, o el rato que considere necesario.

4. A continuación, cuando esté concentrado y en calma, recite la siguiente carta a su niño interior:

Querido niño interior:

Siento haberte escondido. Siento no haberte sanado antes. Estás a salvo. Tienes apoyo. Eres amado. Desde ahora estaré aquí para cuidarte. Perdono y libero todos los recuerdos del pasado que te han herido y te han hecho sentir inferior. Es seguro dejarte ver y oír. Está bien pedir y recibir. Con el corazón abierto, te amo y te acepto de forma incondicional.

5. Puede repetirlo cuanto quiera. Esta meditación también es excelente para esos momentos en que se siente inseguro o emocionalmente frágil.

Sugerencia

◆◆◆◆◆◆◆◆◆

Tenga a mano una fotografía suya de pequeño como recordatorio del dulce e inocente niño que sigue habitando en su interior y que necesita ser amado.

Sanar su niño interior

Es hora de profundizar y examinar las heridas del pasado para sanarlas. No es un proceso divertido, pero es liberador y le ayudará a sanar a su niño interior. Siéntese y escriba todas las experiencias que recuerde que le hirieron de pequeño. Piense en aquellos momentos que ahora pueden parecer insignificantes pero que poco a poco fueron minando su autoestima. Tal vez fue cuando le castigaron por sacar malas notas, aunque se esforzó, o cuando su hermano se rió de su aspecto. Sin duda, todos esos pequeños momentos contribuyeron a herir a su niño interior.

Hable con su niño interior como si estuviera ante usted, necesitando el amor, la aceptación y los ánimos que a usted no le dieron de niño. Hágale saber que está a salvo dejándose ver. Ya no necesita esconder ciertas partes de sí mismo para ser aceptado y querido. Ya no necesita conservar recuerdos vergonzosos porque usted le ama incondicionalmente. Dígale todas las cosas que desea que alguien le hubiera dicho de pequeño. Con la mano en el corazón, repase cada momento desde un lugar de comprensión y compasión. Perdone a sus padres y a cualquier persona involucrada, pero lo más importante, perdónese a usted mismo por aferrarse a este momento durante tanto tiempo y dejar que le endureciera. Sienta como su corazón se ablanda. Cuide de su niño interior. Hágale saber que le apoya y que le ama. Es seguro soltar ese recuerdo y liberarse de la culpa. Es hora de seguir avanzando.

Valido y quiero a mi niño interior.

Calmar a su niño interior

Del mismo modo en que calmaría a un bebé, alivie los dolores y molestias a las que se ha enfrentado. Sea amable consigo mismo. Mire una fotografía de pequeño para visualizar a su niño interior. Puede nombrar a su niño interior y hablar con él. Ofrecerle el amor que no recibió de niño. Cuando empiecen a volver los pensamientos negativos contra sí mismo mire la foto y recuerde hablarse como lo haría con ese niño. Sea amable y paciente. Ese niño sigue allí y necesita su apoyo más que nunca.

Aunque tuviera una infancia feliz y unos padres maravillosos, hubo momentos en que le hirieron. Nadie es inmune del todo al dolor, la culpa, la vergüenza y la angustia. Sanar esos momentos es algo muy potente; continúe dándole a su niño interior el amor y el apoyo que usted necesitaba de pequeño.

La vida es un juego

Cuando entramos en la edad adulta y las responsabilidades de la vida se van acumulando, es fácil olvidar divertirse. Puede que lleve tiempo con el piloto automático puesto, viviendo su vida habiendo olvidado la importancia de la diversión y la risa.

Los niños lo convierten todo en un juego y lo hacen divertido. Juegan, ríen y hacen el tonto. A medida que crecen, se les programa para creer que esa es una conducta inmadura e incluso se les castiga por ello. La verdad es que ese estado de juego y diversión es una forma potente de elevar su vibración y de manifestar. Una regla que yo he establecido en mi vida es que cuanto más me divierto, más abundancia tengo en mi vida. La vida no tiene por qué ser difícil a menos que así lo crea. La vida es un juego y es usted quien dispone las reglas. ¿Qué reglas quiere?

Escribir en el diario para superar la culpa y la vergüenza

Abrirse a recibir lo que desea es una parte esencial de manifestar. Simplemente la palabra *deseo*, por sí misma, provoca sentimientos de culpa y vergüenza. Tal vez un amigo o un familiar le dio un regalo caro y escuchó a sus padres decir: «Oh, no deberías haberlo hecho. ¡Es demasiado!» Tal vez pidió algo grande para su cumpleaños y le dijeron que era demasiado caro. Aunque estos momentos puedan parecer insignificantes, probablemente formaban parte de un patrón que hizo que usted sintiera culpa y vergüenza por recibir lo que deseaba. Piense en las preguntas de la página siguiente:

- ¿Quién tenía que ser para sentirse querido y aceptado?
- ¿Qué partes de usted ocultó para ser aceptado?
- ¿Qué recuerdos le dejan con sensación de vergüenza?

Libere la culpa y la vergüenza con estas afirmaciones. Ponga la mano sobre el corazón, mírese en el espejo y repita:

Soy digno de amor. Soy digno de abundancia.
Está bien pedir lo que deseo. Es seguro recibir lo que deseo.
Está bien querer lo que quiero.

8

MANIFESTAR SU FUTURO IDEAL

A lo largo de la vida, lo que observamos y experimentamos conforma nuestra visión del mundo. Lo que nos dicen de pequeños lo aceptamos como verdad, sea lo que sea. Así es como las creencias de generaciones nos influyen. Son creencias que se formaron a partir de una experiencia que tuvo un antepasado, que fue observada, adoptada y transmitida a futuras generaciones. Por ejemplo, si sus bisabuelos vivieron en la época de la Gran Depresión, no tenían dinero y corrían el peligro real de no poder alimentar a su familia ni satisfacer sus necesidades más básicas, tenían una razón legítima para tener una mentalidad de escasez. Su vida estaba literalmente en peligro porque no tenían suficiente dinero. Aprendieron a tener miedo a perderlo todo y a pensar en el dinero como un bien escaso. Puede que pensaran que los ricos eran codiciosos y despiadados. Tenían que ser extremadamente frugales porque sus vidas dependían de ello. Muchas de estas creencias fueron observadas y transmitidas a sus hijos. La verdad es que vivimos en la época más rica de la historia. Hay más abundancia que nunca y las personas se están enriqueciendo cada vez más.

A pesar de todas las noticias traumatizantes que oímos, vivimos en la época más segura de la historia. Gracias a la tecnología, puede establecer un negocio en línea por muy poco dinero. Puede conocer y colaborar con personas de todo el mundo. Vivimos en un tiempo asombroso; sin embargo, las creencias generacionales y los recuerdos del pasado nos pueden mantener con una mentalidad de miedo y escasez.

De niño puede que viera a sus padres pelearse por dinero. Puede que le dijeran de forma regular «no», seguido por «no podemos permitírnoslo», cada vez que pedía algo que deseaba. Puede que escuchara a sus padres decir que la vida es dura. Estas situaciones desempeñaron un papel en el desarrollo de su mentalidad y sistema de creencias.

Poner al día sus creencias

Debe preguntarse si las creencias con las que creció siguen estando vigentes para usted ahora. Solo porque fueran verdad para sus padres o abuelos no significa que tengan que serlo para usted. ¿Puede refutarlas? ¿Puede formar nuevas creencias y buscar pruebas en su entorno que apoyen estas creencias revisadas? ¡Por supuesto!

Al repasar todos estos escenarios empezará a descubrir las cosas que están limitando su crecimiento y expansión. Al refutar esas creencias y reformularlas, se abre a recibir cosas mejores.

Piense en algún trastero o armario que tenga en casa. Con los años va añadiendo cosas que no necesita ni utiliza. Al final se llena, dejándole con dos opciones: vaciarlo o dejar que se desborde y se convierta en un caos. Cuando por fin ordena el lugar, se pregunta por qué guardaba tantos trastos. Tuvieron su uso, pero ya no los necesita. Simplemente ocupan espacio y es hora de dejarlos ir.

Esto es lo que hacemos con nuestros pensamientos y creencias. A medida que pasan los años,

seguimos añadiendo más pensamientos y creencias a nuestro armario del subconsciente. Al final, si no lo limpiamos, abarrotará nuestra mente y traerá el caos a nuestra vida. Tiene que limpiar la acumulación mental de forma periódica. Repase estos pensamientos y creencias y pregúntese si le sirven de algo. Si no, es hora de tirarlos.

Haga uso de su libre albedrío

Lo bueno es que poseemos el poder del libre albedrío. Somos nosotros quienes decidimos qué pensamientos queremos pensar y si queremos o no que esos pensamientos se conviertan en creencias predominantes. A lo largo de la vida siempre nos enfrentaremos a perspectivas opuestas, pero tenemos la libertad de elegir aquello en lo que nos centramos y acabamos creyendo. Nadie puede quitarle este poder.

Los medios de comunicación siempre contarán noticias basadas en el miedo. Se encontrará con personas que se concentran en lo negativo o dejan que la ira les controle. De vez en cuando pasará por experiencias difíciles. Pero usted decide si quiere ceder ante los pensamientos negativos y archivarlos en su subconsciente como creencias negativas, o si decide elegir algo mejor. Tiene el poder de hacerlo. Usted es responsable de los pensamientos y creencias que decide conservar. Entender esto le da poder. No permite que ninguna circunstancia se haga con el control de su vida. Es usted quien tiene la última palabra. Una vez rompa la barrera mental y se siente en el asiento del conductor, no habrá nada que pueda impedirle la consecución de sus deseos.

En mi vida constantemente ocurren milagros.

Maneras de reformular creencias limitadoras

Superar las creencias limitadoras no es algo que se hace una vez y ya está. Las creencias limitadores seguirán surgiendo a lo largo de toda su vida. Las creencias más marcadas que mantiene en su subconsciente son las que prevalecerán. Si continúa refutando las creencias limitadoras y las sustituye por algo mejor, puede cambiar el cableado de su subconsciente. Su subconsciente aprende mediante la repetición, así que si oye algo un número suficiente de veces, empezará a creerlo y a buscar pruebas en el entorno para confirmarlo. Pruebe los siguientes métodos para empezar ese proceso de instalar un nuevo cableado.

Meditación para una nueva forma de avanzar

Querido universo, dios y guias espirituales del amor y la compasión más elevados:

Estoy listo para ver las cosas de forma diferente y cambiar mis creencias para que sirvan a un bien mayor. Por favor, indicadme el camino, reveladme las creencias que me frenan y que pueda ver un nuevo y mejor camino para seguir avanzando.

Llevar un diario

Escribir a mano es algo potente porque canaliza energía que pasa por el chakra cardíaco y desciende por el brazo hacia la mano. También utiliza una vía neural diferente de la que se emplea para escribir con un teclado. Siga el siguiente proceso para reformular sus pensamientos:

1. Escriba sus deseos. Al anotar uno tras otro, esté atento a cualquier pensamiento que inmediatamente le llega y que dice que no puede alcanzar ese deseo. (Deseo: *Soy millonario*. Creencia limitadora: *No se me da bien el dinero y no sabría cómo ser responsable de tanto dinero*).

2. Simplemente observe esta creencia limitadora y pregúntese si es verdad. (*¿Podría aprender a ser responsable de mi dinero? ¡Claro que sí!*).

3. Refute esta creencia negativa y formúlela de nuevo. (*Más dinero significa más recursos. Puedo permitirme contratar a un asesor financiero para que me enseñe todo lo que preciso saber sobre ser responsable de mi dinero; por tanto, es seguro y posible para mí ser millonario*).

Estos son algunos ejemplos más de creencias limitadoras comunes que podrían estar frenándole, y el modo en que podría reformularlas y contar una nueva historia:

★ *Soy demasiado viejo.* ➡ *Poseo gran conocimiento y experiencia que puedo compartir.*

★ *Soy demasiado joven.* ➡ *Tengo mucho tiempo para aprender.*

★ *No soy lo suficientemente listo.* ➡ *Soy ingenioso y puedo arreglármelas.*

★ *Cuesta mucho hacer dinero.* ➡ *Cuando hago lo que me gusta, la abundancia siempre llega.*

★ *Nunca encontraré el amor verdadero.* ➡ *Me amo incondicionalmente; por tanto, soy un imán para atraer a alguien que me amará incondicionalmente.*

★ *Siempre sale algo mal.* ➡ *Siempre tengo apoyo y las cosas van a mi favor.*

★ *Las personas ricas son codiciosas y deshonestas.* ➡ *Soy una buena persona. Eso no cambiará por lo que tenga en el banco. El mundo necesita más personas buenas con dinero.*

¿Qué le parece ese cambio de creencias? Al principio probablemente notará resistencia. Incluso puede hacer una mueca de escepticismo. Es normal. Su subconsciente se está esforzando mucho para mantenerle a salvo en lo ya conocido. Cree que sus creencias actuales son la verdad absoluta. Por ello se resiste a las creencias contradictorias. No se preocupe. Puede reeducar su subconsciente para cambiar a nuevas ideas que le potenciarán. Esto se consigue con la repetición.

El mejor modo de llevar un diario

Aunque algunas personas llevan un diario desde que eran jóvenes, no es algo que todos hayamos hecho antes, así que le puede costar un poco saber por dónde empezar. Si se siente abrumado o se queda mirando fijamente la página en blanco, las sugerencias que se dan en el libro le ayudarán a centrarse y a empezar. Hay veces en que querrá escribir libremente, es decir, cogerá el bolígrafo y empezará a escribir lo que tiene en la cabeza y las palabras fluirán. Esta es una forma estupenda de descargar la mente, por ejemplo tras un mal día en el trabajo, una situación que precisa clarificar, o simplemente para volcar todas las cosas que le preocupan en el papel. Pero ¿cómo llevar un diario para la manifestación y la gratitud de forma regular?

Una forma de utilizar el diario para conseguir lo que desea es convertirlo en un hábito. Pregúntese con qué frecuencia puede escribir en el diario cada semana. Si la tarea le parece abrumadora, empiece poco a poco. Una o dos veces a la semana le darán la oportunidad de calmar el ajetreo de la vida cotidiana y centrarse de nuevo en sus deseos. Puede emplear este tiempo para despejar la mente escribiéndolo todo: sus frustraciones, preocupaciones, incluso los pequeños agravios. Esto despeja el caos que se va acumulando durante la semana. Lo importante es que se comprometa a ello y que persevere.

Después puede cambiar la intención y escribir sobre la manifestación de sus deseos y la gratitud. Si siente que necesita un poco más de orientación para ello (y la mayoría de nosotros la necesitamos), no pasa nada por utilizar alguna plantilla como las de la página siguiente. Configure su diario de modo que le resulte fácil escribir de forma organizada y centrada en la manifestación.

Mirar hacia el interior

Mis errores
del pasado:

Cosas que puedo hacer
para soltar y perdonarme:

Afirmaciones y recordatorios:

Cambio de perspectiva

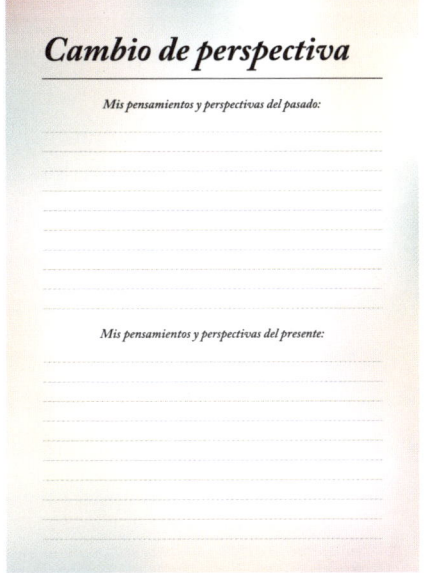

Mis pensamientos y perspectivas del pasado:

Mis pensamientos y perspectivas del presente:

Mirar hacia delante

Lo que cumpliré en...

UN MES:

3 MESES:

6 MESES:

UN AÑO:

5 AÑOS:

Dar el salto

La cosa principal que quiero hacer:

Lo peor que puede pasar:

Lo mejor que puede pasar:

Conclusión:

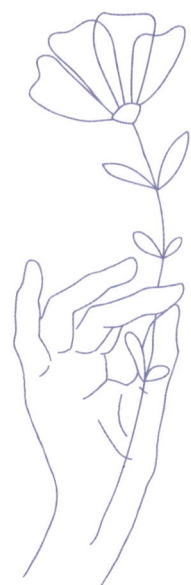

Otra forma estupenda de empezar es simplemente tener un diario especial, o partes de su diario, dedicado a la gratitud. La gratitud es una de las armas más poderosas de su arsenal. Aunque ya hemos comentado los efectos positivos de la gratitud sobre el estado de ánimo, ansiedad y sueño, también tiene numerosos beneficios físicos. Los estudios demuestran que las personas que practican la gratitud tienen un sistema inmunitario más resistente, un corazón más sano y menos dolores crónicos. Y esto ni siquiera incluye cómo la gratitud puede ayudarnos a mejorar nuestra manifestación: es como si instalara un turbo al motor de su coche. Estoy segura de que todos podemos pensar en cosas por las cuales estar agradecidos, pero a veces necesitamos un estímulo para ahondar un poquito más. Utilice las plantillas de la página siguiente para hacer un espacio en su diario para la práctica diaria de la gratitud.

Cosas por las que estar agradecido

★ La seguridad y la calidez de su hogar
★ El amor y el apoyo de amigos y familiares
★ Su trabajo y el dinero que le aporta para su sustento
★ Las lecciones que la vida le ha enseñado
★ Echarse unas risas con alguien
★ Una noche de sueño reparador
★ La sabiduría de sus profesores y mentores
★ Agua potable y alimentos frescos
★ Su buena salud
★ Tomarse una copa con sus colegas de trabajo
★ Ropa limpia recién salida de la secadora
★ Libertad de expresión
★ Una taza de café, té o chocolate caliente
★ Su jersey favorito en otoño
★ Los pequeños momentos de placer como una ducha caliente, una comida nutritiva o pasar tiempo con su mascota

Gratitud e intención diaria

Estoy agradecido por...

La afirmación de hoy:

La intención de hoy:

Notas:

Dejar ir

¿Qué cosas están estancadas en mi mente en estos momentos?

Qué pasará si NO dejo ir esas cosas:

Qué pasará si LOGRO dejar ir esas cosas:

Afirmaciones:

Lista de manifestación

Manifiesto...

Siento....

Afirmaciones:

Mi yo ideal

PRESENTE

FUTURO

Las cualidades más importantes que deseo encarnar...

Afirmaciones e hipnosis

El subconsciente aprende mediante la repetición, motivo por el cual las afirmaciones reformulan eficazmente las creencias limitadoras. Recitar en voz alta y de forma repetida unas afirmaciones, escribirlas y leerlas, es una forma excelente de asegurarse de que está modificando su subconsciente con nuevas creencias que le potenciarán.

Un truco que aprendí es grabar mis afirmaciones en un archivo de audio de mi móvil y escucharlas con frecuencia. Escuchar las afirmaciones es muy útil cuando estamos a punto de dormirnos, porque es el momento en que el subconsciente está más abierto.

Anclaje

Puede usar sus recuerdos más felices para manifestar cosas más positivas en el futuro. Una forma de hacerlo es con el anclaje. Puede anclar sentimientos de vibración elevada con un aroma o música. De esta forma, cada vez que huela ese aroma o escuche esa música, pasará instantáneamente a un estado vibratorio más elevado, y eso le permitirá sintonizar con la frecuencia que desea manifestar.

¿Ha escuchado alguna vez una canción que al momento le transporta en el tiempo hacia un recuerdo feliz? Siente lo mismo que sintió entonces, y es como si estuviera reviviendo la experiencia.

Recuerdo que mi primer empleo después de la universidad fue en un centro de atención telefónica, y fue, de lejos, el peor trabajo que jamás he tenido. Temía despertarme por la mañana y tener que ir a ese lugar. No había ventanas, teníamos media hora para almorzar y literalmente un jefe que miraba cada minuto por encima de nuestro hombro, todos los días, evaluándonos.

Nunca olvidaré el día en que entré con paso firme por esa puerta y dejé los auriculares sobre la mesa de mi jefe, diciéndole que tenía otro trabajo. Salí de allí y entré en el coche. En la radio empezó a sonar *I Can See Clearly Now*, y recuerdo mi gran sonrisa y como sentí que el peso que llevaba sobre los hombros se iba desvaneciendo. Me sentí tan aliviada por cerrar ese capítulo, e ilusionada por lo que el futuro me deparaba. Ahora, cada vez que oigo esa canción, vuelvo al instante a ese momento de pura felicidad y una enorme sonrisa se dibuja en mi cara. Es mi canción para sentirme bien y para entrar en un estado de vibración elevada. Cada vez que me siento un poco desanimada o quiero entrar en un estado de vibración elevada y manifestar mis deseos, la escucho una y otra vez al tiempo que visualizo lo que quiero.

Esto es el anclaje. Está anclando un recuerdo potente asociado a una sensación de vibración elevada. Combinándolo con una canción, puede pasar en un instante a esa vibración cada vez que quiera manifestar. Asimismo puede utilizar un aroma para el anclaje. En mi caso, el olor de la hierba recién cortada me traslada al momento a recuerdos felices de los veranos de mi infancia. El olor de los árboles de Navidad me sitúa en la emoción de esa época navideña.

Oportunidades divinas gravitan hacia mi vida.

Anclaje con aromas y música

A continuación, le explicaré cómo emparejar un nuevo aroma o canción con un estado de vibración elevada. Después de hacerlo, el aroma o la canción serán el desencadenante para que entre al momento en un estado de vibración elevada.

1. Recuerde un estado emocional intenso y beneficioso. Vea lo que vio entonces, sienta lo que sintió, oiga lo que oyó. Reviva la experiencia mentalmente.

2. Elija un modo de anclaje. Puede ser oler un aroma, escuchar una canción, o incluso presionar el pulgar contra el dedo medio. Una vez se encuentre en este estado de vibración elevada, utilice el anclaje y sostenga esos sentimientos junto con el anclaje unos segundos.

3. Interrumpa ese estado utilizando el cerebro. Resuelva una ecuación matemática, formúlese una pregunta extraña o haga algo que le saque de ese estado de vibración elevada.

4. Vuelva al paso uno y repita el proceso varias veces.

5. Una vez repetido el proceso cinco veces o más, haga una comprobación utilizando el anclaje para ver si desencadena ese estado de vibración elevada. Si es así, habrá establecido un fuerte anclaje que ahora podrá utilizar cuando quiera para pasar al instante a un estado de vibración elevada. Si no desencadena ningún estado así, repita los pasos hasta haber establecido una firme conexión.

Sueños lúcidos

¿Existe algún atajo para la manifestación? Sabemos que actuar como si ya hubiera manifestado lo que quiere le ayudará a sintonizar con esa realidad y provocar el cambio cuántico. Los sueños lúcidos, cuando es consciente de que está soñando, son un atajo para realizar este cambio cuántico. Imagínese poder hacer algo que siempre quiso hacer pero que tenía miedo de probar. Sus temores, creencias limitadoras y falta de confianza en sí mismo podrían estar frenándole en el mundo real, pero si supiera que está soñando, podría probar cualquier cosa que quisiera sin ningún tipo de temor. Podría practicar ser esta nueva versión de sí mismo, que confía y no tiene miedo.

Las investigaciones han demostrado que se puede reprogramar el cerebro durante un sueño lúcido. Se han llevado a cabo estudios con atletas que han empleado el sueño lúcido para practicar y aumentar sus habilidades atléticas y los resultados fueron poco menos que milagrosos. De hecho, aumentaron su capacidad atlética aun cuando no practicaran en el mundo físico.

Puede utilizar los sueños lúcidos para practicar cualquier cosa, incluso su realidad ideal. Cuando visualiza sus objetivos en estado de vigilia, el problema es que el subconsciente sigue dominando la mente la mayor parte del tiempo. Por ese motivo, aunque se concentre con plena atención en sus deseos, las creencias limitadoras y los pensamientos negativos permanecen y se convierten en obstáculos. En el mundo onírico, su subconsciente está más abierto a ser remodelado. Es por ello que las afirmaciones son mucho más potentes en un estado de sueño lúcido.

Meditación para un sueño lúcido

Esta noche tendré un sueño lúcido. Establezco la intención de tener un sueño lúcido. En mi estado onírico recordaré preguntarme a mí mismo si estoy soñando, con lo que provocaré el sueño lúcido. Que así sea. Así es.

Cree nuevas vías

Su cerebro es capaz de crear nuevas vías neurales en el estado de sueño lúcido. Imagine seguir el mismo camino al trabajo todos los días. Al principio está aprendiendo la ruta, así que está concentrado. Al cabo de un tiempo se hace automático. No tiene que pensar ni que utilizar su GPS. Ha construido una vía sólida y se ha convertido en algo automático. Si ahora cambiara su ruta y pasara por otro camino, se daría el mismo proceso. Al principio tendría que concentrarse y ser consciente de hacia dónde va, pero al cabo de un tiempo abriría una nueva vía neural que se convertiría en automática.

Los sueños lúcidos le permiten tomar esas nuevas rutas sin hacerlo en la vida real. Experimentando sus deseos en un estado de sueño lúcido, creará nuevas vías neurales que reprogramarán su cerebro y las creencias limitadoras

relativas a manifestar sus deseos. Los sueños lúcidos son el lugar donde pueden darse cambios cuánticos. Es como si entrara en una nueva realidad. Allí puede practicar su realidad onírica y probar cosas que normalmente le cohibirían o le llenarían de dudas.

El sueño lúcido como visualización

La visualización es tan potente como el proceso de manifestación. ¿Qué mejor manera de visualizar sus sueños que entrar en ellos a través de un sueño lúcido? El universo no diferencia entre realidad y fantasía. El universo responde a sus pensamientos, sentimientos y vibraciones, por lo que, aunque esté soñando, el universo lo considera real y le pone en contacto con las oportunidades adecuadas que reafirmarán esta nueva realidad.

Se cree también que durante un sueño lúcido es posible conectar con su yo superior. ¿Quién quiere ser? ¿Un autor publicado? ¿Alguien famoso? ¿Millonario? Puede asumir este personaje en este estado, para entrenarse para la nueva realidad que desea crear.

Aprenda a tener sueños lúcidos

Siga estos tres pasos para entrar en un estado de sueño lúcido.

1. Lleve un diario de sueños. Sea lo más detallado posible y anote cualquier cosa extraña que pueda delatar que estaba en un sueño. Observe si con el tiempo aparecen patrones que indiquen que estaba soñando.

2. A lo largo del día, deténgase un momento y pregúntese: «¿Estoy so-ñando?». Hágalo en distintos momentos del día. Se irá convirtiendo en costumbre y de este modo se formulará esa misma pregunta en sueños. Entonces examine cualquier cosa extraña del paso 1 que revele que se encuentra en un sueño.

3. Antes de dormirse puede establecer la intención de tener un sueño lúci-do. Mientras se va adormeciendo, dígase repetidamente que tendrá un sueño lúcido. Cuando se duerma su cerebro entrará en el estado theta, un estado hipnótico y altamente sugestionable.

Sugerencia

Mantenga un diario de sueños cerca de la cama y escriba en él así que se despierte, cuando el sueño todavía esté fresco en su memoria.

Esta noche tendré fácilmente un sueño lúcido.

Crear su propia representación visual

Para la mayoría de nosotros, crear una representación visual no es algo que hayamos hecho en nuestra vida adulta, pero soñar a lo grande sí lo es. Los grandes atletas han comentado haberlas usado antes de un partido importante, Oprah Winfrey habló con entusiasmo de ellas, y Katy Perry ha hablado con franqueza de que viene utilizando representaciones visuales desde la escuela primaria para alcanzar el éxito. Con estos avales, ¡yo también me apunto! Empecemos.

1. En primer lugar debe tener claro que es lo que desea, y cómo le gustaría verlo manifestado en su vida. No tenga miedo de ser concreto. Meditar sobre ello y anotarlo en su diario es una buena forma de darle un enfoque más nítido a sus deseos. Le podría servir organizar sus pensamientos del siguiente modo:

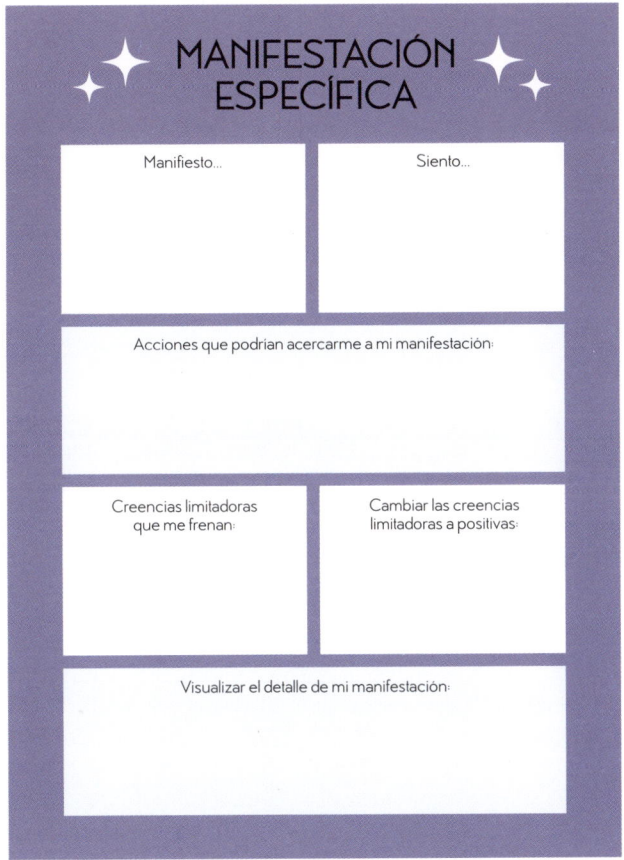

2. Haga una lista de las afirmaciones más potentes, de citas que le inspiren y palabras que le resulten estimulantes. Reúna de forma visual todas las palabras y frases que cree que necesita ver todos los días para mantener una perspectiva positiva y su objetivo bien centrado.

3. El paso siguiente es reunir imágenes y frases que resuenen con sus sueños y deseos específicos. Hay muchísimas formas de hacerlo, pero estas son algunas para empezar:

   ★ **Internet y plataformas digitales:** esto puede parecer la respuesta obvia, ya que hay muchas páginas web y aplicaciones que le ayudarán a crear una representación visual digital. También contienen gran abundancia de imágenes gratuitas que puede descargar como inspiración. Aplicaciones como Corkulous, Sparkello y Perfectly Happy son estupendas para empezar si necesita inspiración.

   ★ **Revistas:** son perfectas para imágenes atractivas y relucientes de una vida ideal. Pero pueden ser caras, así que podría preguntar en la consulta de médicos locales, bibliotecas o librerías si van a tirar algunos ejemplares viejos.

   ★ **Fotografías de archivo gratuitas:** existen innumerables imágenes de archivo gratuitas sobre cualquier tema que pueda imaginar. Pruebe a consultar Shutterstock.com o istockphoto.com y adéntrese en todo un mundo de imágenes, ilustraciones e imágenes digitales donde escoger.

4. Yo uso a menudo representaciones visuales digitales, y con gran éxito, pero las físicas son estupendas porque puede colgarlas en su casa, donde las verá regularmente durante el día. Sirven de recordatorio constante de sus objetivos y actúan como un poderoso estímulo. Para una representación visual física, utilice cartulina, tablero de corcho o de borrado en seco. Asimismo puede dedicar una pared de su casa a las representaciones visuales.

5. Es hora de ser creativo. Una vez elegidas sus imágenes, citas, afirmaciones y soporte, coja las tijeras, el pegamento y cualquier adorno que quiera usar para el diseño de su representación. Puede colocar sus deseos más inmediatos en los lugares más prominentes, pero en realidad no existe una forma correcta ni incorrecta de crear la representación. Deje que su intuición le guíe y que la creatividad fluya hasta tener una representación visual que le estimule y le motive. Ahora, ¡a manifestar!

Mi vida es abundante y llena de oportunidades.

❋ ❋ ❋

CONCLUSIÓN

Durante años trabajé muy duro para alcanzar el éxito y la felicidad. El resultado fue todo menos la felicidad que anhelaba. En lugar de ello, sufría estrés y ansiedad que se manifestaba en ataques de pánico y un agotamiento total. Fue cuando me solté y dejé de forzar las cosas que por fin pude llevar una vida plena. Cuando di prioridad a mi felicidad, elevé mi vibración y todas las oportunidades con las que soñaba se presentaron sin esfuerzo. Así es como irá mejorando su vida de forma continua.

Veo a muchas personas estresarse por lo que quieren manifestar. No hace falta estresarse. Lo que no manifieste ahora, podrá hacerlo en el futuro. No es una oportunidad única. No es un genio que solo concede tres deseos. Puede utilizar las herramientas de este libro para manifestar cualquier cosa que desee, en cualquier momento de su vida. Así continuará creando una mejor versión de su vida. Cuando contacte con su yo superior, se sentirá digno y capaz de mucho más. Esto solo es el principio.

¡No le puede salir mal! La vida es un juego. El objetivo no es la perfección. El objetivo es aprender, crecer y experimentar continuamente lo que nos corresponde hacer en esta vida. Es usted humano. Cometerá errores. A veces esos errores serán resultado de dejar que sea el ego quien le guíe, en lugar de su yo superior. Otras veces, los supuestos errores son en realidad bendiciones disfrazadas. Podría bien ser que el universo le desmontara un plan para guiarle hacia un camino mejor. A veces seguirá teniendo pensamientos negativos y escuchando a su ego en lugar de a su yo superior.

Cuando se encuentre en este tipo de situaciones en que las creencias limitadoras del pasado le están frenando o recaiga en los pensamientos negativos, sea amable consigo mismo y dese un tiempo para integrar los procesos descritos en el presente libro. No es una tarea de una sola vez. Es un viaje para toda la vida, de aprendizaje y crecimiento. Puede consultar los diferentes temas del libro según la situación que surja, pero recuerde que no importa lo que ocurra en su entorno, siempre es usted quien tiene el control. Es en su interior donde crea su realidad, y allí es donde siempre encontrará las respuestas que busca.

Es importante confiar en sus sentimientos, su intuición, su yo superior y, sobre todo, en el universo. Usted posee en su interior toda la sabiduría del universo. Aprovéchela cada vez que lo necesite. No se olvide jamás de lo poderoso que realmente es.

Creo conscientemente mi futuro.

❋   ❋   ❋

ÍNDICE ANALÍTICO

CRÉDITOS DE LAS IMÁGENES

ACERCA DE LA AUTORA

Autora de *Trust the Universe* y *Manifest Your Dreams: A Journal*, Stephanie Keith es la orgullosa madre de tres hijos y reside en Florida con su familia. Es la creadora de Law of Attraction Tribe, desde donde se dedica con pasión a entrenar a personas para la manifestación. Stephanie está comprometida a ayudar a otros a manifestar una vida de la que no quieran tomarse vacaciones y da consejos en tiempo real en su podcast Law of Attraction. Explore un poco más y empiece a manifestar la vida que siempre ha deseado con la aplicación de Stephanie «Manifest It Now», desde la que podrá acceder a más de 200 trucos y herramientas sobre manifestación, respaldados científicamente y que realmente funcionan. Para conectar con Stephanie, visite su página web thelawofattractiontribe.com o su cuenta de Instagram: @lawofattractiontribe.